Friedrich Dürrenmatt

Gedanken-fuge

Diogenes

Umschlagillustration:
Friedrich Dürrenmatt, ›Letzter Angriff‹
1987 (Ausschnitt)

80/92/8/1
ISBN 3 257 01888 6

Inhalt

Prometheus

Dramaturgie eines Rebellen: Prometheus.

Er war einer der Titanen, die sich gegen Zeus und sein Geschlecht erhoben: Götter gegen Götter. Da die Mythen sich widersprechen, gebe ich eine logischere Variante wieder als die übliche – wobei ich freilich zugebe, daß das Logische mit dem Vernünftigen nicht immer übereinstimmt, ja eigentlich selten. Von den Mythen Vernunft zu fordern ist ebenso töricht, wie diese in der vor- oder gar urgeschichtlichen Wirklichkeit zu suchen, die hinter den Mythen hervorschimmert; gibt es doch nichts Törichteres als die Meinung, die Hegel zugeschrieben wird, die Wirklichkeit sei vernünftig. In ihr ist die Unvernunft die Regel, nicht die Vernunft. Die Wirklichkeit, die stattgefunden hat, stattfindet und stattfinden wird, hätte gar nicht stattfinden dürfen, so wenig vernünftig war, ist sie und wird sie sein. Das gilt auch für die Mythen: In Ödipus etwa leuchtet die Unvernunft des Schicksals auf, das uns fasziniert. Sie wird sich uns auch im Schicksal des Prometheus offenbaren. Auch meine logischere Variante ist nicht wesentlich vernünftiger als die anderen Berichte über ihn. Doch das kümmert die Dramaturgie nicht. Sie hat logisch zu sein, sonst könnte sie das Unvernünftige nicht überdenken und damit weder die Wirklichkeit noch den Mythos über sie. Doch gibt es die Dramaturgie in Ausnahmefällen ruhig zu, die Wirklichkeit vermöge manchmal, wenn auch fast nie, durchaus vernünftig zu sein. Warum nicht. Wenn sich in der Wirklichkeit zwar meistens das Unvernünftige realisiert, und das auf logische Weise, weil alles, was sich ereignet, eine Folge von Ursachen und Wirkungen ist, kann es hin und wieder wohl sein, daß das Logische das Vernünftige ist – braucht sich doch das Endresultat der unendlichen, in sich verschlungenen Kette von Ursachen und Wirkungen ja nicht immer als ein Blödsinn herauszustellen, wie es etwa der dritte Weltkrieg wäre. Die bestmögliche Wendung ist ebenso logisch wie die schlimmstmögliche, wenn auch die unwahrscheinlichere. Wir sind nun einmal kosmische Pechvögel. Die Wahl zwischen beiden gleich logischen Möglichkeiten ist daher nicht nur ein Stilprinzip. Sie hat weder mit Optimismus noch mit Pessimismus zu tun, sondern mit Vorsicht. Wer die schlimmstmögliche Wendung wählt, warnt, wer die bestmögliche Wendung bevorzugt, hofft. Wer sich aber nicht warnen läßt, sollte auch nicht hoffen. Das Prinzip Hoffnung ist allzuoft eine denkfaule Schlamperei. Doch kehren wir zu den Mythen zurück. Indem die Dramaturgie sich nur um ihre innere Logik kümmert, ist die Frage nach der Wirklichkeit hinter ihr gleichgültig, nur die Wirkung zählt. Von ihr aus gesehen, ist Prometheus ebenso wirklich wie Faust, Hamlet oder Don Quijote. Auch sie wirken nur, wenn wir sie als Fiktion akzeptieren und durchdenken. Und nicht nur sie, auch die Götter – und die nicht minder, wenn wir sie zu einem Gott zusammenziehen.

Prometheus war ein Gott, und so habe ich von den Göttern auszugehen. Doch wer schuf sie? Tauchte die schwangere Gaia, die Erdgöttin, aus dem Chaos auf? Begann mit ihrem gewaltigen Kreißen die Geschichte der Götter – insofern es überhaupt einen Sinn hat, bei den Unsterblichen den Begriff der Geschichte anzuwenden –, mit der Geburt des Uranos, der, kaum der Mutter entschlüpft, sich über sie warf? Und was wissen wir von den Zeitabschnitten, während sich dieser Inzest abspielte? Uranos war zu unersättlich und Gaia zu ergiebig. Sie warf Flüsse, Meere, Urwälder und Steppen, Fische, Landtiere und Vögel, wurde Mutter der Kyklopen, die nur mit einem Auge auf der Stirn glotzten, der Hekatoncheiren, die hundertarmige Riesen mit fünfzig Köpfen waren, zusammengeklumpt wie Ratten, Götterrattenkönige, und der sechs Titanen mit ihren sechs Schwestern. Das Kindergeramsel wurde Uranos zuviel. Er schmiß, immer noch auf seiner Mutter liegend, die Kyklopen und die Hekatoncheiren in den Tartaros, konnte er doch diese mißgestalteten Geschöpfe ebensowenig ausstehen wie die Graien, Gorgonen und die sterblichen Giganten, die ihm Gaia auch noch geworfen hatte – eine Gespensterfamilie Chas Addams'. Doch Mütter sind unberechenbar. Sie überredete den Jüngsten der Titanen, Kronos, seinen Vater Uranos zu entmannen. Der schnitt zu und legte sich zu seiner Schwester Rhea. Doch fürchtend, einem ähnlichen Schicksal entgegenzugehen wie sein Vater, verschlang er, was der neue Inzest hervorbrachte. Nur das jüngste Kind konnte Rhea dem väterlichen Appetit entziehen, Zeus, indem sie dem Nimmersatt einen in Windeln gewickelten Stein vorsetzte. Der allzu Gierige sollte seine Verfressenheit büßen: Der nichtgefressene Sohn, kaum volljährig, zwang den Vater, das Verschlungene herauszuwürgen: Hestia, Demeter, Hera, Hades und Poseidon. Damit brachte Zeus die Olympische Dynastie wieder ans Licht, und der Kampf der beiden Göttergeschlechter wurde unvermeidlich. Ein Familienkrach das Ganze. Titanen gegen Olympier. Nur zwei Titanen mischten sich nicht ein, Prometheus und Epimetheus; Atlas und Menoitios waren ihre Brüder, Japetos ihr Vater, Kronos ihr Onkel, Zeus ihr Vetter – bester Götterhochadel. Blieben Prometheus und Epimetheus neutral, nahmen Atlas und Menoitios am zehnjährigen Kampfgetümmel teil, das auf den Bergen Othrys und Olymp tobte. Die Titanen wurden besiegt, Atlas verurteilt, das Himmelsgebäude zu tragen, Menoitios vom Blitz des Zeus in die Unterwelt geschmettert, Kronos nach Großbritannien verbannt. Was mit Japetos geschah, ist ungewiß. Scheinen die Götter noch grausamer zu sein als die Menschen, waren ihre Kämpfe und gegenseitigen Folterungen in Wirklichkeit Schaukämpfe. Catch-as-catch-can. Sie konnten sich's leisten. Sie waren unsterblich. Sie konnten sich zerschmettern, entmannen und verschlingen, wie sie wollten, die Zerschmetterten setzten sich von selber wieder zusammen, die Verschlungenen kamen unverdaut von neuem zum Vorschein – ich will nicht sagen wie –, ja ich vermute, daß das mächtige Zeugungsinstrument des Uranos nachgewachsen sein wird, nachdem es, von Kronos mit einer Sichel abgetrennt, bei der Insel Kythera ins Meer gefallen war, aus den Blutstropfen, die auf die Insel spritzten, entstanden die Erinnyen, aus dem Sperma, das ins Meer schäumte, Aphrodite. Ungehemmt lebten sich die Unsterblichen aus, ohne gleich wie wir auf der Couch des Psychiaters, im Zuchthaus oder gar in der Irrenanstalt zu landen. Wir lernen nicht unsere Vernunft kennen, studieren wir die Götter, unser Unterbewußtsein fletscht uns entgegen.

Daß Prometheus die Menschen schuf, bestritten viele. So glaubten einige, die Menschen seien aus den Zähnen einer Schlange entsprungen, und die Athener behaupteten sogar, daß die Sterblichen auf dem Boden Attikas spontan gewachsen seien wie Bäume oder Unkraut. Mythologisch sind wir ein Rätsel. Daß Prometheus Atlas und Menoitios mit uns rächen wollte, ist unwahrscheinlich. Gewiß, das Schicksal der beiden war bedauerlich, das Himmelsgewölbe riesenschwer, und über die Qualen, die Menoitios in der Unterwelt erlitt, schweige ich lieber. Aber Rache wäre ein allzu billiges Motiv für unsere Entstehung. Was wirklich geschah und warum Prometheus mit uns in einen Zusammenhang gebracht wurde, läßt sich nur vermuten. Er galt für »klug an Rat« und Epimetheus für »voll Torheit«. Prometheus war ein Intellektueller. Angeekelt vom Göttertreiben, versuchte er seinem Gottsein einen Sinn zu geben, indem er vernünftige Götter zu schaffen versuchte. Sein Irrtum. Er bedachte nicht, daß, ob vernünftig oder nicht, ein Gott sinnlos ist. Was unsterblich ist, ist ewig und damit außerhalb des Sinns, denn jeder Sinn ist eingebettet in Endliches, nur Vergängliches vermag sinnvoll zu sein. Prometheus beging den Fehler jedes Intellektuellen. Er traute dem Intellekt zuviel zu. So befeuchtete er denn Lehm mit Wasser und knetete daraus eine Gestalt. Doch wird es kaum ein naturalistisches Ebenbild der Götter gewesen sein, das Prometheus formte, dazu waren ihm die Götter zuwider. Er haßte an ihnen, was sie nach seiner Ansicht hinderte, vollkommen zu sein, vor allem ihre Hemmungslosigkeit. Er liebte den Verstand und die Schönheit, sonst nichts. Es kann sein, daß seine Geschöpfe mehr einem Henry Moore ähnelten, doch dazu ist mir Moore zu vital, zu sinnlich, zu mutterkuchenhaft, auch nicht wie Giacomettis sind sie denkbar, eher so wie sich die Griechen die Götter vorstellten, genauer, wie sich Winckelmann vorstellte, die Griechen würden sich so die Götter vorstellen: enorm klassisch, unerträglich gesund, weiß und langweilig. Die Geschöpfe des Prometheus waren zum Gähnen schön. Ihnen mangelte all das, was erst die Götter zu Göttern machte. Sie waren zwar intelligent und unsterblich, aber ohne Antriebskraft der Triebe und des Unterbewußten. Es waren zu ideale Götter und Göttinnen, Reißbrettgötter, eine ästhetische Gegenwelt zur sinnlosen Götterwelt, ebenso sinnlos wie diese, bloße Eierköpfe und Blaustrümpfe, die Prometheus unermüdlich knetend zwar vermehrte, aber selber blieben sie steril wie alles ästhetisch Vollkommene. Die Götter nahmen sie denn auch kaum ernst. Für sie war Prometheus ein Spinner. Sie waren urtümliche Naturen, Bündel kosmischer Kräfte, eingesperrt im Käfig ihrer Unendlichkeit, sorglos ihren Trieben hingegeben, unersättlich, wenn sie sich austobten, und grenzenlos unbedenklich ihresgleichen gegenüber. Die Vollkommenheit war ihnen gleichgültig. Wozu die Anstrengung?

Um so seltsamer der Streit, der zwischen Zeus und den Geschöpfen des Prometheus in Sikyon darüber ausbrach, welcher Teil des Opfertiers den Göttern und welcher den Menschen gehöre. Prometheus zog dem Stier die Haut ab und zerlegte ihn. Aus der Haut nähte er zwei Säcke und stopfte den zerlegten Stier hinein. Der kleine Sack enthielt das Fleisch, der große die Knochen und das Fett. Zeus wählte den großen (sein Vater war schließlich der Vielfraß Kronos). Als er den Betrug bemerkte, meinte er trocken, die Geschöpfe seines Vetters sollten von nun an das Fleisch roh essen. Er verbot ihnen das Feuer. Prometheus fühlte sich als Künstler beschimpft. Wenn das Feuer den Göttern zukam, kam es auch seinen Geschöpfen zu. Er entzündete am Sonnenwagen eine Riesenfackel und brachte das Feuer für seine Kreationen auf die Erde. Zeus schwor, sich zu rächen. Er befahl Hephaistos, eine Frau aus Ton zu formen, wies die vier Winde an, Leben in die Form zu blasen, und die Göttinnen, sie mit ihrer Schönheit zu schmücken, aber verlieh ihr auch alle jene Eigenschaften der Unsterblichen, die Prometheus seinen Geschöpfen vorenthalten hatte; daß es nur schreckliche und bedenkliche waren, ist selbstverständlich: Neid, Unvorsichtigkeit, Dummheit, Mordgier, Rechthaberei usw. Zeus nannte die Frau Pandora und schickte das Prachtstück mit einer Schminkbüchse (wie sie glaubte) zu Epimetheus. Der war von seinem Bruder gewarnt worden, von Zeus Geschenke anzunehmen. Er lehnte ab. Doch wenn ein Gott Rache schwört, nimmt er sie. Zeus ließ Prometheus an den Kaukasus schmieden und schickte jeden Tag einen Adler, der sich an der Leber des gefesselten Gottes sättigen durfte, worauf die Leber jede Nacht wieder zuheilte. Vom Schicksal seines Bruders eingeschüchtert, nahm Epimetheus Pandora an. Sie öffnete die Büchse. Sie wollte sich schminken. Aber in der Büchse hatte Zeus die Übel eingesperrt, von denen wir geplagt werden: Irrsinn, Laster, Leidenschaften, Krankheiten, Schmerzen, Tod. Sie entflohen wie Wespen und fielen über die Geschöpfe des Prometheus her. Nur ein einziges Gut war zuunterst in der Büchse verborgen, die Hoffnung, aber Pandora warf den Deckel zu, ehe die Hoffnung herausflattern konnte – wobei freilich die bösere Version des Mythos berichtete, die Hoffnung sei als letzte entflattert, als das größte der Übel.

So der Mythos. Überdenke ich die Götter, so stellen sie sich bei weitem absurder dar, als die Mythen sie zeigen. Diese haben jene nicht durchdacht. Gibt es einen klugen Gott wie Prometheus und einen dummen wie Epimetheus, muß es noch klügere Götter als Prometheus und noch dümmere als Epimetheus geben, unendlich viele klügere und unendlich viele dümmere, ja auch zwischen Prometheus und Epimetheus sind unendlich viele Götter anzunehmen, die zwar dümmer als Prometheus, aber klüger als Epimetheus sind, setzt doch die Unsterblichkeit die Unendlichkeit voraus, weshalb es nicht viele Götter, sondern unendlich viele Götter geben kann: Nur unendlich viele Götter können zu einem Gott zusammengezogen werden: endlich viele Götter, zu einem Gott zusammengezogen, ergeben unendlich endlich viele zu einem Gott zusammengezogene Götter, jeder Planet hat einen Gott, jede Galaxis soviele, wie sie Planeten, und jedes Universum soviele, wie sie Planeten in ihren Galaxien aufweist, und jedes Universum usw. – es lassen sich unendlich viele Universen denken. Es schwindelt einem vor der unendlichen Anzahl der Jehovas, und da die Teile der Unendlichkeit unendlich sind, ist auch die Zeit zwischen der Erschaffung der Geschöpfe durch Prometheus und dem Streit in Sikyon unendlich. Prometheus kann unendlich viele seiner Geschöpfe aus nassem Lehm geknetet haben, wobei diese Kneterei einen unendlichen Klumpen nassen Lehms zur Voraussetzung haben mußte: Die Logik, einmal auf einen Mythos gehetzt, treibt ihn unweigerlich ins Absurde, aber nicht nur ihn, auch jede Metaphysik, jede Religion, jede Wissenschaft, sich selber.

Auch wenn wir das Konfuse innerhalb der Fiktion einer Götterwelt hinnehmen, auch wenn wir so tun, als gäbe es Unsterbliche, kommt uns der Streit in Sikyon unwahrscheinlich vor. Nicht eigentlich von uns Sterblichen aus gesehen, die wir doch am Ende dieser seltsamen Schöpfungsgeschichte als Resultat dastehen (welche Schöpfungsgeschichte wäre nicht seltsam, am seltsamsten die heutige, worin das Leben zufällig entstand, weshalb sie denn auch so einleuchtet). Aber, was Sikyon betrifft, in der Entwicklung des Homo sapiens spielte nun einmal das Kulinarische eine gewisse Rolle, entschloß sich doch der Urmensch nicht nur zum aufrechten Gang, um die Gefahr rechtzeitig wahrzunehmen, die ihm von den Raubtieren her drohte, sondern auch um nach Beute zu spähen, wurde er doch nicht zuletzt aus einer gewissen Gourmandise heraus vom Sammler zum Jäger. Von den Göttern dagegen betrachtet, verwundert uns die Geschichte beträchtlich. Was lag Zeus überhaupt am Opfer? Ob Knochen, Fett oder Fleisch ist den Göttern gleichgültig wie jede andere Nahrung: sie verschlingen, ohne zu verdauen. Aber was für die Götter gilt, gilt auch für deren ästhetische Abstraktionen, die Prometheus verfertigte. Auch seine Geschöpfe waren unsterblich, und als Intellektuelle und Ästheten wird ihnen das Tieropfer barbarisch vorgekommen sein. Der Mythos stimmt in sich nicht. Damit müssen wir uns abfinden. Wer opfert wem was? Die Geschichte setzt ihr Resultat voraus: Geopfert wird Sterbliches.

Das Sterbliche waren die Tiere, auch sie wie die Kyklopen, Hekatoncheiren und Titanen usw. von der Urmutter Gaia geboren. Das Tieropfer in Sikyon war für die Götter und für die Geschöpfe des Prometheus eine sakrale Handlung:

Sie erlebten im Töten des Stiers, als er unter den Hieben eines Gottes zusammenbrach (war es Ares, der zuschlug, der Gott des Gemetzels?), etwas, was sie als Unsterbliche nicht kannten: den Tod. Darum verwirrt sich der Mythos, vermenschlicht das Geschehen, schiebt den Unsterblichen irdische Motive unter, als sei ein Streit in einer Metzgerei kurz vor Ladenschluß ausgebrochen, wer ergattert sich das letzte Filet, wer muß mit Knochen und Fett vorliebnehmen. Denn wie soll erzählt werden, wie ein Gott den Tod erlebt? Er bleibt ihm so unvorstellbar wie uns die vierte Dimension, der Tod bleibt nur denkbar, sind doch die Götter urtümliche Naturen, Bündel kosmischer Kräfte, eingesperrt im Käfig ihrer Unendlichkeit, sorglos ihren Trieben hingegeben, unersättlich, wenn sie sich austoben, und grenzenlos unbedenklich ihresgleichen gegenüber. Darum wohl stellten sich die Menschen in grauer Vorzeit die Götter als Tiere vor – staune ich doch immer wieder über das Tier als etwas Unbedingtes, als eine andere Form des Bewußtseins, das, weil es den Tod nicht kennt, in einer Art Unendlichkeit lebt. Wir spüren, begegnen wir einem Tier, daß es sich in einer anderen Zeit befindet als wir. Es wird von der Zeit getragen, sie ist sein Medium, in welchem es lebt; wir dagegen werden von der Zeit gejagt, sie treibt uns vor sich hin, bis sie uns durchrast, tötet und zurückläßt: Die Zeit ist unser Feind, das Tier ist mit ihr eins. Die Zeit ist für uns Geschichte, das Tier ist geschichtslos. Das wurde mir zum ersten Mal bewußt, als ich, im Bergtal um einen Felsen biegend, mich einem Ziegenbock gegenübersah, einem mächtigen Pan, unbeweglich stand er vor mir, eine Drohgebärde, seine Erscheinung genügte: Es war, als hätte er seit Anbeginn der Zeit auf mich gewartet, so göttergleich wirkte er.

Wir entstanden unbeabsichtigt. Der Kampf zwischen dem alten Göttergeschlecht der Titanen und dem jüngeren der Olympier brachte uns hervor. Die List des Prometheus bestand darin, daß er ein neues Göttergeschlecht erschaffen wollte, die Gegenlist des Zeus, daß er dieses neue Göttergeschlecht sterblich machte: Die Gedankenlosigkeit der Götter kreierte uns. Der Bericht, daß Zeus Prometheus erst an den Kaukasus hatte schmieden lassen, als Epimetheus Pandora vorerst abgewiesen hatte, beweist, daß Zeus sich nicht darüber klar war, was er mit Pandora anrichten würde: Ungestraft darf die Unsterblichkeit sich nicht der Sterblichkeit, die Unendlichkeit sich nicht der Endlichkeit entgegensetzen: Zeus brachte sich selber und damit die Götter in Verlegenheit. Es rächte sich, daß sie, die unsterblich sind, zwar denken können, aber nicht zu denken brauchen.

An dieser Stelle ist zu fragen, ob wir in Prometheus zuerst einen Rebellen, einen Revolutionär oder einen Reformator zu sehen haben. Ein Rebell rebelliert, ohne eine Änderung der Gesellschaftsordnung herbeizuwünschen, kommt er zum Ziel, ersetzt er innerhalb eines Systems eine Herrschaft durch eine andere, nämlich durch die seine. Der Rebell ist in sich selber, nicht außer sich selber begründet. Ein Revolutionär will die Gesellschaftsordnung an sich ändern, der Reformator versucht sie zu verbessern. Der Revolutionär und der Reformator sind außer sich selber begründet. Die Kämpfe der verschiedenen Götterdynastien untereinander zielten auf keine Veränderung der Weltordnung ab, sie stellten Rebellionen dar. Doch müssen wir bei Prometheus vorsichtiger sein. Daß er die Titanen wieder zur Herrschaft bringen wollte, scheint mir unwahrscheinlich: Als Gebildetster seines Geschlechts wird ihm sein Großvater Kronos kaum liebenswert vorgekommen sein. Das Unglück lag nicht in der Weltordnung, es lag bei den Göttern, es mußten andere her. Er war ein Reformator, wenn auch ein närrischer, versuchte er doch, Unsterbliche durch klügere Unsterbliche zu ersetzen.

Wenden wir uns wieder Zeus zu, der allzuschnell gehandelt hatte. Daß er die Sterblichen, kaum waren sie entstanden, als eine Gefahr für die Unsterblichen empfand, war bei seiner göttlichen Intelligenz selbstverständlich, aber er war zu bequem, darüber nachzudenken, worin die Gefahr bestehe: Sein Zorn wandte sich Prometheus zu, wenn es auch eigentlich kein Zorn war, der ihn antrieb, sondern mehr eine spontane Strafmaßnahme. Nicht sonderlich der Umstand, daß durch den Zwist der Titanen mit den Olympiern das göttliche Politbüro plötzlich ein Volk erhalten hatte, das regiert werden mußte, bewirkte seinen Unwillen, auch nicht der Diebstahl des Feuers; warum auch, dem ›Göttervater‹ wird es nachträglich ohnehin gleichgültig gewesen sein, ob die ja nun Sterblichen ihre Steaks als Beefsteak Tartare aßen oder ob sie sie brieten, sonst hätte er sich wohl kaum an das Schiedsgericht gehalten und sich weiterhin mit den Knochen und dem Fett begnügt, wie übrigens auch die anderen Götter. Ob Knochen, Fett oder Fleisch, ist ihnen so gleichgültig wie jede andere Nahrung: sie verschlingen, ohne zu verdauen. Nur für die Sterblichen stellt die Speise einen Wert dar, die Unsterblichen kennen keine Werte. In ihrem Reich der absoluten Freiheit wird alles wert- und sinnlos: Was sollen Apollo oder Artemis noch zielen, wenn ihre Pfeile unfehlbar sind! Der unversöhnliche Zorn, den Zeus gegen

Prometheus hegte, nährte sich vielmehr an der Erkenntnis, daß durch ihren sinnlosen Streit die Unsterblichen den Sterblichen die wertvollste Fähigkeit überlassen hatten, die jene besaßen, aber weil sie unsterblich waren, so selten benutzten. Prometheus selbst wird verblüfft und nicht nur empört an seinem Felsen gehangen haben. Indem er den Menschen, als sie noch unsterblich waren, die Vernunft beibrachte, verloren sie ihre Unschuld. Sie wurden sich ihrer Unsterblichkeit bewußt; im Gegensatz zu den Göttern, die in den Tag hineinlebten und sich ihrer Unsterblichkeit nicht bewußt waren. Waren die Götter problemlos unsterblich, war den Menschen die Unsterblichkeit ein Problem: Was soll die Vernunft angesichts der Unsterblichkeit? Die vernunftbegabten Menschen wären aus schierer Verzweiflung trotz des erzieherischen Eifers des Prometheus in den göttlichen Schlendrian zurückgesunken, den die Ewigkeit mit sich bringt; erst als Sterbliche wurden sie gefährlich, macht doch erst das Bewußtsein der Sterblichkeit den Abgrund zwischen Göttern und Menschen unüberbrückbar, ist es doch ein Unterschied, ob ein Sterblicher oder ein Unsterblicher denkt. Ein Sterblicher vermag, ein Unsterblicher kann sich nicht irren, aber eines haben die Sterblichen den Unsterblichen voraus: Denken sie, empfinden sie keine Langeweile; die Möglichkeit, sich zu irren, läßt sie nicht in Ruhe. Eine endliche Zeit läßt sich vertreiben, eine unendliche nicht. Die Qual der Götter ist seit jeher die, daß sie vor Langeweile am liebsten sterben würden, wenn sie es vermöchten. Nichts ist tödlicher als die Langeweile, nichts schrecklicher, als in der Wahrheit verharren zu müssen, darum denken sie besser nicht, sondern vertreiben sich die Zeit am liebsten mit erotischen Abenteuern. Während des Geschlechtsakts sind Götter und Menschen gleich, sie erleben die reine Gegenwart. Dem Paradox der Ewigkeit, dem die Unsterblichen unterworfen sind, steht das Paradox der Sterblichen gegenüber: der Widerspruch, in welchem sich das Endliche zum Unendlichen befindet. Er beruht auf Gegenseitigkeit: Die Sehnsucht der Menschen nach Unsterblichkeit, ihre Furcht vor dem Tode, entspricht der Sehnsucht der Unsterblichen nach einem Ende, dem Grauen vor ihrer Ewigkeit. Die Sterblichen wünschen, was den Unsterblichen, und die Unsterblichen, was den Sterblichen zufällt. So ist der Kampf zwischen den beiden entstanden. Die Menschen hassen in Wirklichkeit die Götter und werden von ihnen beneidet. Zeus, der mit Pandora das Unheil angerichtet hatte, strafte Prometheus, eine Fehlleistung.

Für die Götter ging es vorerst lustig zu. Vergnügt wälzten sie sich in ihren Wolkenbetten und auf ihren Wolkenbänken unter-, neben- und übereinander. Im Wertlosen der Ewigkeit vermögen die Unsterblichen weder zu hassen noch zu lieben. Die Menschen waren durch ihre Sterblichkeit die Untertanen der Götter geworden und wurden nun auch deren Zeitvertreib. Duckten sich die Menschen, ließ man sie ihr kurzes Leben fristen oder nicht, rebellierten sie, wurden sie bestraft oder nicht. Je nach Götterlaune. Endlich war es den Unsterblichen da oben nicht mehr so unsterblich langweilig. Bisweilen war es besonders amüsant, eine Zeitlang gnädig zu sein. Die Sterblichen waren von den Unsterblichen umzingelt wie das Wild von den Jägern. Die Götter schossen ihre Pfeile ab, bald gleichzeitig, bald schoß dieser, bald schoß jener. Wann die Pfeile abschnellten, war nicht vorauszusehen, aber sie trafen immer. Doch allmählich verging den Göttern der Spaß. Die

Menschen waren ihrer Sterblichkeit hilflos ausgeliefert. Zwar gab es keinen Schutz gegen die Pfeile, der Tod war allen gewiß, doch ihr Haß gegen die Götter, wenn sie ihn wagten und sich nicht demütig unterwarfen, war nur scheinbar eine wirkungslose Revolte, ein blindes Anrennen gegen etwas Unangreifbares; in Wirklichkeit stellte er für die Unsterblichen eine Herausforderung dar, der gegenüber sie hilflos waren. Die Menschen vermochten durch ihr Denken die Götter wegzudenken. Aus der Revolte wurde eine Revolution. Die Sterblichen lernten, sich von den Göttern zu abstrahieren, nur an sich zu denken, und indem sie nur an sich dachten, wurden sie ihr eigener Gegenstand: Der Mensch stand den Menschen gegenüber und nicht mehr den Göttern. Lustlos schossen diese ihre Pfeile ab. Sie waren der menschlichen Revolution nicht mehr gewachsen. Die Sterblichen kehrten durch ihr Denken die Rollen zwangsläufig um: die Unsterblichen wurden die Geschöpfe der Sterblichen. Indem die Menschen sich von den Göttern abstrahierten, wurden für die Menschen die Götter abstrakt, so sehr, daß sie endlich für die Menschen nur noch einen logisch bedingten Gegensatz zu der menschlichen Sterblichkeit darstellten. Die Sterblichkeit setzt die Unsterblichkeit nur noch logisch. Die Unsterblichkeit ist ein logischer Wunsch der Sterblichen, aber nicht deren Möglichkeit. Wäre die Unsterblichkeit möglich, wären das Logische und das Existentielle identisch. Sind die Götter jedoch nur noch ein logischer Begriff, fallen das Logische und das Existentielle auseinander: Die Unsterblichkeit wird eine existentielle Unmöglichkeit, die sich der Mensch nur noch wünscht, um seine Sterblichkeit auszuhalten, ist doch die Sterblichkeit im Existentiellen begründet, nicht im Logischen. Kommt jedoch der

Mensch seinem Denken auf die Spur, wird dieser Wunsch nach Unsterblichkeit vom Sterblichen durchschaut als ein Glaube an etwas Unmögliches, wird die Sterblichkeit als das existentiell Gegebene hinnehmbar, und die Unsterblichkeit löst sich als das existentiell Nichtgegebene in Nichts auf. Das Gegebene muß akzeptiert werden, es ist gesetzt; das Nichtgegebene nicht, es ist nicht gesetzt: es kann nicht mehr bewiesen werden und beweist sich auch nicht mehr selbst. Die Götter sind dann auch dem Logischen nicht mehr faßbar. Im Logischen beweisen sich ein Punkt, die Null, die Gerade, die Mathematik durch sich selbst, die Götter beweisen sich den Menschen durch nichts mehr: Zum Atheismus gibt es weder eine existentielle noch eine logisch zwingende Antithese: Ein Atheist leugnet nicht die Götter, er hat bloß nicht den geringsten Grund, sie anzunehmen. Möglich, daß sich ein ähnlicher Prozeß bei den Göttern abgespielt hat. Denkbar, daß es auch für sie zur Unsterblichkeit keine existentielle und logische Antithese mehr gibt, daß sie ebenfalls keinen Grund mehr haben, uns anzunehmen. Nur wird es den Göttern unmöglich gewesen sein, uns wegzudenken, aus dem fatalen Grund, weil sie, gibt es sie, unsere Schöpfer sind, nicht wir die ihren. Aber sie können uns vergessen. Haben wir sie dagegen erschaffen, gibt es sie nicht, sie sind nur unsere Fiktionen. Nicht jene der Erwartung, sondern der Hoffnung und des Glaubens. Das Verhältnis der Götter zu den Menschen ist irreversibel.

Verlassen wir die Gedankengänge der Menschen, sie sind mühsam genug. Kehren wir zu Prometheus zurück, lassen wir seine Vorgeschichte sein, sie ist widersprüchlich, sein Schicksal verzweifelt. An eine Steilwand des Kaukasus geschmiedet, an welche, kann ich nicht erraten – ich überflog den Kaukasus zweimal nachts und nie am Tage –, ich denke mir, es wird eine kaukasische Eigernordwand gewesen sein, an der er hing, die Arme und Beine weit auseinandergezwängt, hilflos dem »gefiederten, dem Hund des Zeus, dem Adler, rot vom Blute« ausgeliefert. Hat Zeus gesiegt? Kann Prometheus erwarten, befreit zu werden, oder hat er nur noch darauf zu hoffen, oder aber hat er weder die Befreiung zu erwarten noch zu erhoffen? Wenn wir zwischen Erwartung und Hoffnung unterscheiden, vollziehen wir eine rein logische Distinktion: Wir erwarten etwas Wahrscheinliches und hoffen auf etwas Unwahrscheinliches: auf ein Wunder. Eine Unterscheidung, die den Nachteil hat, daß wir zwischen wahrscheinlich und unwahrscheinlich unterscheiden müssen: Eine Distinktion erzwingt eine andere und die wieder eine andere. Wenn wir zwischen wahrscheinlich und unwahrscheinlich unterscheiden, so deshalb, weil wir damit innerhalb des Möglichen bleiben und die Unmöglichkeit ausschließen, die im Gegensatz zum Unwahrscheinlichen etwas Absolutes ist. Wenn auf dem Wege zum Schafott der eine sagt, er werde wahrscheinlich sterben, und der andere, es sei unwahrscheinlich, daß er sterben werde, so schließt der erste nicht vollkommen aus, daß das Fallbeil steckenbleiben könnte, denn ein Steckenbleiben ist zwar möglich, wenn auch unwahrscheinlich, weshalb das Fallbeil wahrscheinlich heruntersausen wird, so daß nur eine gewisse unwahrscheinliche Möglichkeit des Nichtsterbens besteht, weshalb er auch sagt, er werde wahrscheinlich sterben. Er ist gleichsam in Erwarten und Hoffen gespalten. Er erwartet das Wahrscheinliche, seinen Tod, und hofft auf das Unwahrscheinliche, auf sein Davonkommen; während der zweite erwartet, daß die Unwahrscheinlichkeit des Steckenbleibens des Fallbeils auch stattfinde, er erwartet einen Vorfall, auf den er doch höchstens bloß hoffen dürfte, und läßt das Wahrscheinliche außer acht, seinen Tod. Hoffen und Erwarten sind für ihn das gleiche; ein Narr, denn nur für die Götter sind Hoffen und Erwarten identisch. Sie brauchen weder auf ein ewiges Leben zu hoffen noch es zu erwarten, sie sind dessen gewiß, und weil auch das Unwahrscheinliche in der Ewigkeit einmal eintritt, konnte Prometheus sicher sein, daß er irgendwann befreit würde und auch an den Kaukasus geschmiedet Zeus trotzen, während wir Sterblichen nur Eines zu erwarten haben, den Tod, und auf ein ewiges Leben höchstens hoffen dürfen. Falls Pandora die Hoffnung in ihrer Büchse verschloß, überließ sie dem Menschen den Fluch der Erwartung, insofern es schlimmer ist, sich in einer Erwartung getäuscht zu sehen als in einer Hoffnung, und nur in der Verzweiflung sind die Menschen gleichsam negative Götter: wenn sie den Tod ebenso erwarten wie sie auf ihn hoffen. Wir sind alle auf dem Wege zum Schafott, doch wäre es nicht unwichtig, sich zu überlegen, was wir auf diesem Wege erwarten müssen und worauf wir nur hoffen dürfen.

Prometheus versuchte vernünftige Götter zu schaffen. Daß seine Erwartung und seine Hoffnung zuschanden wurden, ist seine Tragik. Damit gerät aber unsere dramaturgische Untersuchung in eine arge Schwierigkeit, die sie zwar schon einmal streifte, aber noch zu vermeiden wußte, in der Hoffnung, niemand frage. Da aber ›klügere Götter‹ und ›vernünftigere Götter‹ Synonyme sind, darf ich weder hoffen noch erwarten, um die Frage nach der

Vernunft herumzukommen. Daß die Sterblichen die Vernunft dringend, die Unsterblichen sie kaum je benötigen, versetzt uns insofern in Verlegenheit, als wir bei der Frage nach der Vernunft nicht bei den Göttern nachforschen können, obgleich einer von ihnen, Prometheus, sie uns schenkte. Auch bereitet der Umstand, daß die Frage ›was ist Vernunft‹ von der Pilatus-Frage ›was ist Wahrheit‹ nicht zu trennen ist, noch zusätzliche Schwierigkeiten. Denn allein die Behauptung, die Wahrheit sei nur durch die Vernunft zu messen und müsse immer wieder wagen, sich dem Urteil der Vernunft zu unterziehen, ist ein zweischneidiger Satz. Wenn wir nämlich die Wahrheit der Vernunft unterwerfen, kommt uns Hegels Ausspruch, die Wirklichkeit sei vernünftig, auf einmal gar nicht so unvernünftig vor, will er doch eigentlich nur sagen, daß die Wahrheit, und damit die Realität, nicht durch ein Wunder entstanden sei, sondern vernünftig, das heißt kausal: Da alles seine Ursachen habe, müsse es auch die Wirklichkeit haben; die Wahrheit der Wirklichkeit sei, daß sie notwendigerweise so sei, wie sie sei. Der Versuch des Prometheus, vernünftigere Götter zu schaffen, sei ebenfalls vernünftig wie das unvernünftige Ergebnis, die Menschen nämlich, und beides ebenso vernünftig wie sein Geschick endlich, der Felsen, die Eisen, der Adler, die nachwachsende Leber, alles eine einzige ununterbrochene Kette von Ursachen und Wirkungen. Was uns unvernünftig scheint, scheint so im Handkehrum vernünftig. Scheint. Die Neigung, das Kausale mit dem Vernünftigen gleichzusetzen, entspringt unserer Gewohnheit, zwei Funktionen der Vernunft nicht auseinanderzuhalten. Die erste besteht darin, logische, die zweite darin, Werturteile zu fällen. Daß die Wirklichkeit der Kausalität untersteht, ist ein logisches Urteil, unabhängig ob es richtig oder falsch ist, daß die Wirklichkeit vernünftig ist, ein Werturteil, unabhängig vom logischen Urteil, abhängig allein davon, wer den Wert setzt. Das logische Urteil ist eine Interpretation des Wirklichen, das Werturteil bewertet. So ist denn die Wahrheit über das Wirkliche für den Menschen etwas Objektives und Subjektives zugleich. Der Gegensatz liegt in der Richtung, die eingeschlagen wird, um sich dem Wirklichen zu nähern: Zielt die Vernunft auf das Objektive, führt sie zu Interpretationen des Wirklichen, zielt sie auf das Subjektive, will sie sich im konfusen Reich der Empfindungen nicht verirren, die vom Wirklichen ausgelöst werden. Die Vernunft markiert gleichsam, was ihr gut und böse erscheint, recht und unrecht, schön und häßlich usw. Der reinen Vernunft, die ihre Interpretationen des Wirklichen nachprüft, steht die praktische Vernunft gegenüber, die dem Wirklichen Werte gibt.

Auch die Götter wurden gewertet. Noch lebten sie sorglos. Aber ein Theaterdirektor sollte sich hüten, seine Truppe unbeaufsichtigt zu lassen. Zeus selber begann zu schmieren, und bald trieb man es auf der Bühne zu bunt, bei gleichem Inhalt geriet der Spielplan immer schlampiger. Das Publikum wurde allmählich unruhig. Sehr zur Verwunderung der Akteure, hatten doch die über sich selber gähnenden Götter das gähnende Publikum nicht bemerkt. Wie allzu verwöhnte Schauspieler fielen sie aus allen Wolken. Was reklamierte denn das Publikum plötzlich? Die höchst subjektive Bewertung seiner selbst, auf die dieses ungehobelte Pack gekommen war und auf das es sich etwas einbildete, forderte doch von ihm nichts anderes, als was die Unsterblichen von ihm stets gefordert hatten: Glauben. Wenn die Götter auch nicht zu beweisen waren, so konnte man doch immer noch an sie glauben (ein Grund, warum gute Schauspieler bisweilen so schlecht spielen: man glaubt ohnehin, sie seien gut). Aber der Glaube ist ein subjektives Wagnis des Menschen, nicht eines der Unsterblichen. Die Götter können nicht glauben, und eine Fähigkeit, die sie nicht besitzen, vermögen sie auch nicht zu durchschauen. Dieser Aspekt macht für die Götter den Glauben unheimlich: Es ist für sie ungewiß, ob ein Mensch an sie glaubt oder nicht, denn er vermag so zu tun, als glaube er. Der Glaube als das menschlich Subjektive ist das Nichteinsichtbare des Menschen, sein Geheimnis, das auch von den Göttern nicht aufzudecken ist: Die unendliche Wahrheit begreift eine endliche nicht, darum sehen die Götter mehr auf die Opfer, die ihnen die Menschen darbringen, als auf deren Handlungen, sie begnügen sich mit dem Rauch und Gestank von Fleisch und Knochen, Hauptsache, es wird geopfert. So vermag denn der frömmste Mensch der größte Heuchler zu sein, nicht aus Bosheit, sondern aus Vorsicht. Zwar sind die Götter nicht zu beweisen, aber es könnte sie trotzdem geben, also stellt der Mensch sich fromm. Und die Menschen stellten sich fromm. Sie opferten den Göttern, als sie längst nicht mehr an sie glaubten, und darum gingen sie jetzt auf einmal nicht mehr mit. Wenn ein Publikum unruhig wird, mißfallen ihm entweder die Schauspieler oder das Stück oder beides. Auch die Götter sahen sich vor die Frage gestellt, was dem Publikum nicht mehr gefiel, eine Frage, die für die Unsterblichen unbeantwortbar bleiben mußte. Denn die Werte, welche die Menschen aufstellen, sind nicht nur subjektive Versuche, ihre Affekte zu bändigen, ihren Geschmack und ihre Sitten zu regeln, sie entspringen auch evolutionären, geschichtlichen und gesellschaftlichen Notwendigkeiten. Das Subjektive wird durch ausgetauschte Erfahrungs- und Werturteile, die damit allgemein werden, eingeschränkt, das Ich, das zum Schrankenlosen neigt, wird durch die anderen Träger des Subjektiven, durch andere Ichs, eingeordnet. Die Menschen sind in einem weit größeren Maße Teil der Menschenwelt, als die Götter je Teil der Götterwelt waren. Die Götter bildeten ein Konglomerat, die Menschen formieren sich zu Kollektiven – zu Horden, Familien, Stämmen, Kasten, Klassen, Völkern, Nationen, Imperien –, die durch gemeinsame Werte zusammengehalten oder durch oktroyierte zusammengezwungen werden. Da nun aber die Werte in ihrer Wurzel subjektiv sind und nicht bewiesen werden können, war es nur natürlich, daß man alles, was man von ihnen und den gesellschaftlichen Institutionen erwartete, von denen die subjektiven Werte zu einem moralischen und damit rechtlichen System sanktioniert und kodifiziert wurden, mit dem Glauben an die Götter verband. Die Sterblichen unterschoben ihre Werturteile den Unsterblichen, die keine Werte kennen. Die Götter erhielten soziale Funktionen. Sie wurden mißbraucht, um die subjektiven Werte der Sterblichen zu sanktionieren. Daß die Götter sich um diese Aufgabe drückten, ist verständlich: Ihre Unsterblichkeit würde eingeschränkt, müßten die Götter den moralischen Bedürfnissen des Menschen entsprechen, sie haben das Recht, unmoralisch zu sein. Damit standen aber die Götter vor der Frage, vor der jedes Schauspielensemble steht: Hat es dem Publikum zu entsprechen oder nicht? Die Antwort hängt einerseits vom Ensemble und vom Spielplan, andererseits vom Publikum ab. Der Spielplan wiederum ist vom Ensemble abhängig: Die Götter als unsterbliche Darsteller ihrer selbst vermochten nur zu schauspielern, sie chargierten als entfesselte Laienschauspieler hemmungslos, ihre Unsterblichkeit verwandelte jede ihrer Handlungen in eine blutige Posse, wobei das Blut unecht war und nicht die Posse. Was geboten wurde, war ›Grand Guignol‹, mit dem naiven Anspruch, wirklich zu sein; nicht unbedenklich, denn das Publikum, von den Göttern aus Versehen geschaffen, war weit grausamer als die Schauspieler. Es war sterblich, und unter Sterblichen wird wirkliches Blut vergossen. Nur der Endlichkeit, nicht der Unendlichkeit kommt Wirklichkeit zu, dem Zuschauerraum, nicht der Bühne. War das Publikum zuerst vom Schauspiel, das die Götter boten, erschüttert, unterhielt es sich; als es das Spiel durchschaute, begann es sich, als die Schauspieler zu keinem Ende kamen, zu langweilen. Das Publikum nahm den göttlichen Schauspielern ihre Leiden und Freuden, ihre Grausamkeiten und Liebesabenteuer nicht mehr ab. Mochten sie sich verschlingen oder entmannen, es war doch nur vorgespielt, und sogar den Stein des Sisyphos hielt man aus Pappmaché. Das Publikum verlangte andere Stücke, vernünftigere und damit glaubhaftere; unterhalten konnte es sich selber, wozu noch Götter unterhalten, die Eintrittspreise waren hoch genug, die Tempel kosteten, die Bildhauer, die Priester und Priesterinnen; ein Grund zum Pfeifen, und das Publikum pfiff. Die Götter waren fassungslos.

Wie lange der Mensch hilflos vor den Schranken stand, die ihm seine Sterblichkeit setzte, ohne die Möglichkeit seiner Vernunft zu nutzen, wissen wir nicht. Er hätte zwar längst die Götter wegdenken können, aber er wäre frierend einem leeren Himmel ausgesetzt gewesen und hätte seine Vernunft verflucht. Zum Atheismus braucht es nicht nur Mut, es braucht auch Zeit. Erzählt wird nicht ein Nacheinander, sondern ein Miteinander und was vorher war, nachher. Mit der Sterblichkeit hatte Zeus dem Menschen unfreiwillig eine Fähigkeit verliehen, von der er sich als Gott ebensowenig eine Vorstellung machen konnte wie vom Tod: er begabte den Menschen mit dem Schlaf. Ohne ihn wäre der Mensch nie auf die Idee gekommen, seine Vernunft auch anzuwenden, denn wer schläft, träumt auch. Die Eindrücke des wachen Zustands wuchern in den Schlaf hinein, wachsen mit Assoziationen zusammen, in der grauen Vorzeit Gefährliches: die Götter mit ihren unfehlbaren Pfeilen, die letzten Saurier, känguruhhaft heranhopsend, Mammuts, ihre gewaltigen Elfenbeinzähne vor sich her schiebend, Raubkatzen, lautlos umherschleichend, plötzlich anspringend, Begehrliches: ein Wildschweinschinken, unsterbliche Göttinnen, des Nächsten Weib; und da sich im Traum die Wünsche erfüllen, schossen in ihm die Götter ihre Pfeile daneben, die Saurier, die Mammuts, die Raubkatzen, das Wildschwein waren zu erlegen, die Göttinnen verführten, das Weib des Nächsten war zu verführen. Der Mensch begann die Traumbilder in die Wirklichkeit zu transponieren. Aus den Träumen entwickelte sich seine Einbildungskraft, die Fähigkeit, sich etwas vorzustellen, einzubilden eben, ohne die zwar kein Traum möglich ist, die vor dem Träumen a priori brachlag, aber die durch die Träume aktiver wurde und sich zu verwirklichen begann: die menschliche Vernunft wurde schöpferisch. Der Mensch wurde doppelt so reich wie die Götter, die in der reinen Wahrheit schlaflos und unsterblich dahinlebten. Zuerst ließ sich die Einbildungskraft zum rein Phantastischen verführen, sie übertrumpfte die Träume, dann erkannte sie die Möglichkeit, die in der Vernunft selber liegt, die Einbildungskraft bemächtigte sich der Logik und entwarf immer kühnere Systeme. Doch was in sich stimmt, braucht nicht an sich zu stimmen. Das Phantasiereich der Träume und jenes der reinen Begriffe genügten der Einbildungskraft nicht, sie suchte hinter die Wirklichkeit zu kommen. Sie bemächtigte sich der Erfahrung, denn auch diese ist ohne Einbildungskraft unmöglich. Dann stieß sie zum ersten Mal an eine Grenze. Indem sie sich an die Erfahrung klammerte, wurde ihr das Verallgemeinern suspekt: die Einbildungskraft führte zuerst nicht zu gesicherten Interpretationen, sondern zu Ahnungen. Doch dank seiner Einbildungskraft vermochte der Mensch von der Ahnung auf eine zunächst noch unsichere Idee zu springen, von der er auf Gesetze schloß, die nachprüfbar waren oder nicht. Diese Fähigkeit der Einbildungskraft, aufs Ungewisse, bloß Vermutete zu springen, dürfen wir Glauben nennen: auch der Glaube ist eine Funktion der Phantasie. Der Mensch wurde Theologe. Er dachte über die Götter nach. Er zog sie zu einem Gott zusammen. Der Mensch steht gegenüber dem Menschen. Wer siegt, ist im Recht, wer unterliegt, empfindet Unrecht und sinnt auf Rache, der Mensch schuf den Gott der Gerechtigkeit und der Rache. Der Mensch will lieben und geliebt werden, er schuf den Gott der Liebe. Der Mensch ist elend, er schuf den Gott der Barmherzigkeit, er fühlt sich schuldig, er schuf den Gott der Erlösung, er will sich erkennen, er schuf den Gott als Mensch. Er schuf den dreieinigen Gott. Waren die Götter der Ausdruck der menschlichen Triebe, wurde Gott der Ausdruck der menschlichen Wünsche. Aber der Mensch wollte den Gott auch nach seiner Vernunft denken. Für den Philosophen wurde Gott zum unbewegten Beweger, wurde zur ungeschaffenen Substanz, zur Natur selbst, zu einem praktischen Postulat endlich. Doch der Mensch wagte sich aufs neue ins Ungesicherte, rein Apriorische, leitete Gesetze ab, prüfte sie nach, verwarf sie wieder, veränderte sie, prüfte sie und baute sein Interpretationsgebäude immer grandioser ins vorher Ungewisse, gleich einem Turm von Babel. Er benutzte die Einbildungskraft wie Theseus den Faden der Ariadne, tastete sich bis an die fortstürzenden Grenzen des Universums und erfaßte noch einige wegsinkende Quasare, drang bis ins Innere der Atome, ahnte schattenhafte Partikel, ja lenkte die Einbildungskraft auf sie selber, erkannte ihre Mechanismen und Methoden und stieß auf ihre apriorischen Wurzeln und aposteriorischen Quellen. Indem der Mensch die Wirklichkeit eroberte, erkannte er seine Sterblichkeit als Naturgesetz, den Tod als Bedingung der Evolution. Gott war erdacht. Er kannte keine Evolution. Der Mensch verlor das Interesse an ihm, wie er das Interesse an den Göttern verloren hatte.

Über die las er noch in humanistischen Gymnasien, vielleicht manchmal in Comic strips, und hin und wieder erschienen sie auf den Bühnen oder in Hollywood-Filmen. Die Knochen der Saurier und der Mammuts bleichten in den Museen, die Raubkatzen knurrten im Zoo und in der Manege, die Wildsäue waren domestiziert, die Göttinnen Film- und Skistars geworden, des Nächsten Weib ohne Überredung zu haben. Wenn es über dem Höllentor heißt, wer es durchschreite, soll jede Hoffnung fahrenlassen, so müßte diese Inschrift auch über dem Tor geschrieben stehen, das uns Apollo mit seinem ›Erkenne dich selbst‹ zu durchschreiten geraten hatte und das wir durchschritten. Wie Odysseus, als er an jener Stelle der Unterwelt, wo die Flüsse Phlegeton und Kokytos in den Acheron fließen, das Blut eines jungen Widders und eines schwarzen Schafes in eine Grube goß, von den Schatten der Verstorbenen bedrängt wurde, die begierig waren, das Blut zu trinken, bedrängen uns nun wie Schatten aus unserer Vergangenheit Triebe, die unser Intellekt nur unvollkommen zu steuern weiß. Aus evolutionärer Pfuscherei entstanden, stürzen wir, in den Entropie-Strom getaucht, dem wahrscheinlichsten Zustand entgegen, in ein totes Universum hinein, in welchem für weitere Ewigkeiten einzelne Protonen sinnlos herumgeistern, ehe auch sie schließlich zerfallen. Von der Furcht vor den Göttern und Gott nicht mehr gehemmt, sind wir gezwungen, unsere subjektiven Erkenntnisse, unseren Glauben, als eine objektive Wahrheit auszugeben und anzunehmen, Ideen, Ideale und neue Götter zu schaffen, indem wir sie glauben. Der Glaube ist unsere Kreativität, unsere Gnade und unser Fluch zugleich. Eine Gnade, die unsere Vernunft fruchtbar, und ein Fluch, der unseren Glauben furchtbar macht. Der Funke des Prometheus mottet weiterhin in uns. Indem wir das Unmögliche versuchen, werden wir versucht, unseren Glauben zu begründen, ihn in ein logisches System zu verwandeln. Die Versuchung ist begreiflich. Unser Glaube richtet sich nach dem Noch-Glaubbaren, nach dem, was wir im Dämmerlicht des Zweifels gerade noch glauben können, und nichts ist anfechtbarer als dieses, denn auch das Noch-Glaubbare ist ungleich, von der Urgeschichte, von der wir kaum etwas wissen, von der Geschichte und den Gesellschaftsordnungen für die menschlichen Stämme verschieden vorgeformt. Wie sich im Weltraum um Massen Systeme bilden, bilden sich im Menschenraum um Glaubensinhalte ähnliche und gegensätzliche Glaubenssysteme, objektivierte subjektive Erkenntnisse: glaubhafte Götter. Darum sind denn auch die Glaubenskämpfe die grausamsten. Je entschiedener wir unseren Glauben begründen – und was läßt sich nicht logisch begründen –, desto unerbittlicher muß der Zweifel unterdrückt werden, der jedem Glauben anhaftet, und indem der Zweifel unterdrückt wird, wächst der Anspruch des Glaubens ins Absolute, das keinen Widerstand duldet, wird aber auch zur Tollkühnheit, zu einer fürchterlichen Sprengkraft. »Fürchte dich nicht, glaube nur«, der Zweifel wird zum Kleinmut degradiert. Welche Kraft gab dieser Satz meiner Mutter, deren Bibel vor mir liegt, und doch ist auch er gleichermaßen Gnade und Fluch, denn glaubt der Glaube gar Wissenschaft zu sein, versucht er gar mit wissenschaftlichen Methoden am Menschen zu experimentieren, wird er unmenschlich – und wie oft wurde er und wird er es noch. Seine Opfer sind nicht mehr zu zählen. Nährt sich doch jeder Glaube von einer noch größeren Kraft, von der Hoffnung. Credo quia absurdum. Wohl dem, der diesen Satz aussprechen darf. Was er glaubt, liegt nur in ihm, im rein Subjektiven, Unbeweisbaren, in einer Hoffnung, die seinen Glauben begründet und in der sein Glaube gründet. Doch führt diesen Satz eine Macht im Maul als ihr Prinzip oder Dogma, erweist sich die Hoffnung, die in diese Macht gesetzt wird, sei sie nun eine Kirche oder ein Kreml, und nach der sie richtet und hinrichtet, verdammt und seligspricht, als das größte Übel, das Pandora ihrem Schoß entließ. Credo quia absurdum: Ich glaube, weil es widersinnig ist. Dieser Satz des Tertullian ist für den Einzelnen gültig, nicht für Institutionen, ihm kann verziehen werden, ihnen nicht.

Die Mythen sind zeitlos, sie vermögen immer wieder in unsere Zeit einzubrechen oder sich aus ihr zurückzuziehen. Ob sie etwas bedeuten, liegt außerhalb ihrer Glaubwürdigkeit oder gar ihrer Existenz, es liegt daran, ob wir uns noch in ihnen wiederfinden oder nicht. Kehren wir deshalb zu Prometheus zurück, der immer noch an die kaukasische Eigernordwand geschmiedet ist und alle drei Tage vom Adler seines Vetters Zeus zerfleischt wird: Er ist unsterblich, aber einer Qual ausgeliefert, die sich mit der Gleichmäßigkeit einer Präzisionsuhr wiederholt. Er wird allmählich ein Mensch. Ihm bleibt nichts anderes übrig, als seine Tat entweder zu bereuen oder an ihrem Sinn festzuhalten. Bereut er seine Tat, wird das immerwährende Heranrauschen, Zukrallen, Zubeißen und Zerfleischen des Adlers unerträglich. Seiner Strafe gegenüber kann Prometheus nur trotzen, solange er an den Kaukasus geschmiedet ist. Er bejaht seine Tat, auch wenn sie sinnlos geworden ist: Prometheus wird zum Rebellen. Er vermag sich nur noch durch sich selber zu begründen. Die Strafe zwingt ihn dazu. Damit aber verliert diese ihren Sinn als Strafe und verwandelt sich in den Triumph des Bestraften. Indem Prometheus trotzt, bleibt er Prometheus, bleibt er Rebell, und damit dürfen wir den gefesselten Prometheus, der uns als Gott gleichgültig zu werden droht, als Menschen denken. Wenn wir den Rebellen von einem Revolutionär und von einem Reformator dadurch unterschieden haben, daß der Rebell die Begründung in sich selber findet, die beiden anderen sich außer sich selber begründen, so müssen wir jetzt diese Unterscheidung differenzieren. Das Endliche, nicht das Unendliche ist in sich verknotet. Die Sterblichen sind gezwungen, ihr Ziel außer sich selber zu setzen. Beim Revolutionär, der eine andere Gesellschaftsordnung, oder beim Reformator, der diese vorhandene verbessern will, scheint es natürlich, daß sie ihr Ziel außer sich selber und nicht in sich selber setzen. Der Rebell aber, der nur sich will und nichts außer sich, verfängt sich in eine Unmöglichkeit, er sperrt sich in seine Endlichkeit ein: Indem er sein Ziel in sich selber setzt, rebelliert er gegen sich selber und wird zum Vereinzelten. Doch was vom Ziel gilt, gilt auch vom Grund. Der Vereinzelte ist auch der Begrenzte. Das Begrenzte vermag sich nur mit etwas zu begründen, das außer ihm liegt, allein das Unbegrenzte braucht keinen Grund. Das sehen wir auch in der heutigen Kosmologie. Waren die Griechen Kosmologen (und darum Mythologen), weil ihre Welt endlich war, mit freilich unsterblichen Göttern und sterblichen Menschen bevölkert, so kannte die moderne Wissenschaft keine Kosmologie, solange der Weltraum als unendlich gesetzt wurde: Das expandierende Raum-Zeit-Gebilde, das heute das Weltall darstellt, verlangt wieder eine Kosmologie, einen Grund außer sich, wenn auch der Grund, weshalb es zum Urknall kam, nur spekulativ, das heißt, in einer neuen Weise metaphysisch zu vermuten ist. Doch mit dem Grund muß die Kosmologie auch ein Ziel setzen, je nach seiner Masse wird sich das Universum ewig ausdehnen oder wieder zusammenziehen, wird die Explosion oder die Gravitation siegen. Neue Mythen ziehen auf. Darum ist der heutige Rebell auf eine neue Weise ein Metaphysiker: Er wird zum ›Scheinrevolutionär‹ oder zum ›Scheinreformator‹, weil er sich zwangsläufig nicht mit sich selber, sondern mit einem Ziel begründen muß, das außerhalb seiner selbst liegt. Ob der Rebell sich dabei links- oder rechtsextrem kaschiert, ist gleichgültig, daß die Begründung und das Ziel seiner Aktionen bei ihm selber zu suchen seien, daß er rebelliert, um sich selber zu sein, so wie Prometheus Prometheus bleiben will, wird er abstreiten; denn liegen Grund und Ziel in ihm selber, sind sie durch nichts zu beweisen. Er kann sowohl aus Verzweiflung als auch aus Abenteuerlust handeln, er vermag, sowohl um die Welt zu verändern als auch um ein Held zu sein, zur Maschinenpistole zu greifen. Es ist nichts auszumachen. Rebellen vermögen ihre Gründe und Ziele ebensowenig zu beweisen wie die Glaubenden die Echtheit ihres Glaubens. Dem ›destruo quia absurdum‹ steht das ›credo quia absurdum‹ gegenüber. Die Rebellen und die Gläubigen bilden eine Gemeinde. Ist es nun beim Vereinzelten schon unmöglich, genau zu unterscheiden, ob seine Motivation und seine Ziele bei ihm selber oder außerhalb seiner selbst zu finden sind, so muß das auch für den Revolutionär oder für den Reformator gelten: Auch sie können – durchforscht man sie genauer – nur ›Scheinrevolutionäre‹ oder ›Scheinreformatoren‹ sein, und – müssen wir weiter folgern – was für sie gilt, gilt auch für alle. Die Menschen rebellieren nur scheinbar gegen die Götter und, glauben sie nicht mehr an die von den Göttern gestiftete Ordnung, gegen die Ordnung, die sich die Menschen gegeben haben. Die Menschen rebellieren, auch wenn sie reformieren oder revolutionieren, in Wirklichkeit gegen ihre eigene Vergänglichkeit, die nur vergängliche Ordnungen hervorzubringen vermag, und damit, weil die Vergänglichkeit den Menschen zum Menschen macht, rebellieren sie gegen sich selber. Daher töten sie sich auch untereinander: aus Rebellion. Sie ziehen nicht nur gezwungen in den Krieg, wie sie so gern nach Niederlagen behaupten, sondern auch, weil sie im Frieden den Frieden und sich selber nicht mehr aushalten. Krieg und Frieden sind ein Symptom der Rebellion des Menschen gegen sich selber, ein Ausdruck der menschlichen Paradoxie. Das Begrenzte, das Sterbliche, ist das Paradoxe, wie es eine Mathematik ohne den Begriff des Unendlichen wäre. Daher ist denn auch der Kausalzusammenhang zwischen Frieden und Krieg ungemein kompliziert: Die Ursachen und Wirkungen vermischen sich ständig, bald sind die Ursachen Wirkungen, bald die Wirkungen Ursachen. Krieg und Frieden sind verschlungen wie Gaia und Uranos, nur daß niemand das wilde Paar auseinanderzuhalten vermag, wir wissen nicht, wer in diesem Knäuel da zeugt und wer da gebiert, ob der Krieg den Frieden oder der Friede den Krieg schwängert, oder ob der Friede den Krieg oder der Krieg den Frieden kreißt. Was sich da durch die Zeiten wälzt, weist bei weitem mehr psychologische als ökonomische oder ideologische Aspekte auf. Doch gerade die psychologischen Aspekte geben die Ideologen nicht zu: Die einen suchen die Gründe in der Ideologie, die anderen im ökonomischen System. Verschmelzen der Rebell, der Revolutionär und der Reformator ineinander, so wirkt sich im Endlichen nur noch der Unterschied zwischen Hoffen und Erwartung aus: Die einen rebellieren, weil sie sich nur noch durch die Hoffnung, die anderen nur noch durch die Erwartung einen Sinn zu geben vermögen. Die Hoffnung ist ein religiöses, die Erwartung ein wissenschaftliches Prinzip. Prometheus, an den Kaukasus geschmiedet, ist beides: Der Rebell, der seine Hoffnung nicht erfüllt sieht und erwartet, und der Rebell, der sich in seiner Erwartung getäuscht hat und hofft. Mir, indem ich mich mit Prometheus identifiziere, graut es zu hoffen. Ich möchte erwarten. Doch bleibt mir, das Schlimme erwartend, auch nur die Hoffnung. Der Adler der blinden Instinkte, von keiner Vernunft gebändigt, stößt immer wieder zu, und wir Menschen sind sterblich: Ist es zwar wahrscheinlich, daß wir seiner sturen Gier einmal erliegen, liegt es doch in unserer Natur, auf das Unwahrscheinliche zu hoffen. Es gibt für uns keine andere Hoffnung. Mit ihr holen uns die Mythen wieder ein, sie fallen uns und wir ihnen zu. Herakles stapfte am Ufer des Schwarzen Meeres entlang und kam am Felsen vorüber, an welchem Prometheus gefesselt war. Damit beginnt die eigentliche Geschichte. Jene des Menschen, der sich von Gott befreite, indem er einen Gott befreite.

Nachwort

Ich lernte meinen Freund Samuel Gagnebin kennen, als der alte Mann an meinem Haus vorüberging. Es blitzte und donnerte, die ersten schweren Tropfen fielen. Ich bat ihn herein. Er sagte, es sei ihm gleichgültig, ob er vom Blitz getroffen werde oder nicht, und auch ein Baum oder ein herabfallender Ast könne ihn erschlagen, es mache nichts aus, er sei achtundneunzig und gehe um diese Zeit jedes Jahr auf den Chaumont, um zu sehen, wie weit noch seine Kräfte reichten, und ging weiter. Noch im gleichen Jahr verließ er mit Protest das Altersheim, »je ne suis pas un numéro«, bezog eine Zweizimmerwohnung und heftete an die Eingangstüre einen Zettel: »Entrez, je suis sourd.« Als er, über hundert, eine Lungenentzündung hatte, ging er zu Fuß in die Stadt hinunter zum Arzt und wieder hinauf. Er war klein und zart. Einmal sagte er zu mir, und seine Augen blitzten, »moi, j'étais un homme méchant«, aber er hatte Tränen in den Augen, wenn er von seiner Tochter sprach, die im Alter von acht oder zehn Jahren 1918 an der spanischen Grippe starb, »c'était incroyable, comme elle était belle«. Als er hundert wurde und der Wirt ihm gratulierte, »c'est fantastique, votre santé«, schrie er mit der lauten Stimme des Schwerhörigen so empört, daß alle im ›Rocher‹ aufschreckten: »C'est honteux, devenir tellement vieux, je ne suis même plus capable de faire l'amour«; er beschäftigte sich mit Spinoza, gepackt von dessen unerbittlicher Logik, las daneben Platons *Politeia* und dessen *Nomoi*, so in seine Lektüre vertieft, daß er den Blitz nicht wahrnahm, der die Wohnung neben der seinen zertrümmerte, auch nicht das Krachen und die herantutende Feuerwehr, er war erstaunt, als ich ihm davon berichtete. Ich hatte ihm den *Prometheus* zu lesen gegeben, und wir diskutierten lange darüber. Ihn beschäftigte der Blick auf den Menschen von den Göttern her, und als ich ihn in seinem vorletzten Lebensjahr, fast hundertundeins, in der Rue de la Cassarde besuchte, wie jeden Donnerstag nachmittags um fünf, und hinter seinem kleinen Tisch Platz genommen hatte und der Psychiater Otto Riggenbach auch gekommen war, ein Zuhörer bei unseren Gesprächen, alle drei Pfarrerssöhne, zwanzig Jahre Altersunterschied zwischen jedem, Gagnebin mit fünf, Riggenbach mit vier Pastoren als Vorfahren und ich mit nur einem, dafür Vater eines Pfarrers, und als ich den Wein eingeschenkt hatte, den er immer so liebte, einen weißen Graves, sagte er, wobei sein Hörapparat leise pfiff, zu mir gewandt, er habe einen Gott erfunden, den Gott der Verzweiflung und der Kühnheit (l'audace). Er gehe von der

Ordnung des Seins aus. Diese sei gedacht. Oft lasse sie keinen Zweifel zu. Wenn er sein Zimmer betrete, erkenne er es wieder. Er könne an der Fortdauer, an der Fülle des Seins (la plénitude de l'être) nicht zweifeln, aber er sei sterblich, er besitze nicht das Sein durch sich selber. Daher sei die Fülle des Seins nicht beweisbar. Das Fehlen einer absoluten Gewißheit führe ihn in ein Dilemma. Sein oder Nichtsein. Er müsse wählen. Die Begründung finde er nur in ihm selber. Aber einmaliges Wählen heiße Wetten und nicht ›Glauben‹. Glauben scheine ihm eine Heuchelei vor der Unmöglichkeit einer absoluten Gewißheit zu sein. Er wette, daß es eine Fülle des Seins gebe. Die Wette sei kühn, aber die Forschung sei auch kühn. Durch die Wette bleibe er in der Wertsphäre. Er wolle niemanden überzeugen. ›Ich wette‹ sei ein Akt der Intelligenz gegenüber der fehlenden Gewißheit. Ich begriff, warum er zuerst Theologie studiert hatte, weil, wie er sagte, es in der Schweiz nur einen Professor gegeben hätte, der Kant verstanden habe, und der sei Professor an der theologischen Fakultät in Bern gewesen, die Wertsphäre, die Gagnebin nicht verlassen wollte und nie verließ, ist identisch mit Kants ›praktischer Vernunft‹, deswegen wurde er Pfarrer, wie er erzählte, aber er habe nie predigen können. Darauf habe er bei Bergson studiert, und als er bei mir die ›Vespasienne‹ sah, die einst an der Seine beim Louvre stand, ein kleines Ölbild von Varlin, lachte er, in ihr habe er zum letzten Mal Bergson getroffen, nebeneinander hätten sie gepißt, und Bergson habe ihm gesagt, er solle lieber Mathematik als Philosophie studieren, und als Mathematiker hatte er nun einen Gott erfunden und seinem Atheismus einen Streich gespielt. Als wir uns verabschiedeten, reichte er mir die Hand und sagte, der Gott der Verzweiflung werfe seinen

Schatten über die ganze Erde. Er sagte es mit Heiterkeit. Später ging ich nach München. Er kenne diese Stadt, sagte Gagnebin, er habe dort ein Semester studiert und im Prinzregententheater den ›Ring‹ gesehen. Wann? fragte ich. 1906, antwortete er. Vor siebenundsiebzig Jahren. Ich sah ihn nicht wieder. Seine letzten geschriebenen Worte waren »vive l'amitié«, heißt es in der Todesanzeige.

Gedankenfuge

Der Ausgangspunkt ist gleichgültig, kehrt man doch ohnehin zu ihm zurück: Nicht Martin Luther, sondern der Gymnasiallehrer Konrad Duden schuf die deutsche Sprache, in der vor ihm ein Chaos herrschte wie in der Weimarer Republik vor Hitler, schrieb und dichtete doch ein jeder, wie er gerade wollte, rein finanziell nicht imstande, sich wie Goethe einen Riemer zu leisten, der besser goethisch konnte als der dichtende Ministerpräsident, so daß dieser jenem getrost seine Diktate zum Ausfeilen überlassen durfte. Über der deutschen Literatur lag ein dichter Nebel des Individuellen, worin immer noch, im Wolkengebirge Hölderlins etwa, Literaturhistoriker herumtappen, freilich jetzt mit hölderlinisch gefütterten Computern, insofern sie nicht auf den sonnenbeschienenen Matten des Goethe-Riemerschen Massivs oder auf den pathetischen Hochebenen der Schillerschen Dramen ihre Kühe melken. In diesen Zustand hat Konrad Duden eingegriffen. Er verhinderte den Zusammenbruch der deutschen Literatur infolge allzugroßer sprachlicher Individualität, indem er für die deutsche Sprache Regeln erfand, die zu beherrschen ein Kritiker auch dann stolz ist, wenn er nicht zu lesen, sondern nur zu überlesen vermag. Genauigkeit ist am Platz. So wie die Theologen eine sichtbare von einer unsichtbaren Kirche unterscheiden, muß zwischen einem politischen deutschen Sprachbereich und einem literarischen unterschieden werden. Im politischen Bereich herrschte eine wohltuende Ordnung. BRD, DDR, Österreich, der schweizerdeutsch sprechende doch hochdeutsch radebrechende Teil der Schweiz waren so genau voneinander getrennt, daß der Begriff Großdeutschland nur noch in verkalkten Hirnen spukte, verhielten sich doch die Bundesrepublik Deutschland und die Deutsche Demokratische Republik zueinander wie die zwei Hälften einer Atombombe, wenn jene zusammengefügt werden, explodiert diese; sie wurden zusammengefügt, Deutschland einig Vaterland. Was jedoch den literarischen Sprachbereich angeht, so ist dessen Zustand nur mit jenem zu vergleichen, worin sich politisch einst das Heilige Römische Reich Deutscher Nation befand: in einem heillosen. Im Schatten der Besitzer der öffentlichen Meinung, worunter die Herausgeber und Chefredaktoren der Zeitungen die Kurfürsten abgeben, die Intendanten der Rundfunk- und Fernsehanstalten die Fürstbischöfe, die Verleger die Gaugrafen und die Theaterintendanten und -regisseure Subventionen verschleudernde Renaissancecondottieri und Stücke mordende Glücksritter, hat sich ein kafkaeskes Justizwesen eingenistet. Es setzt sich aus einigen teils einander abschreibenden, teils untereinander spinnefeindlichen Oberrichtern zusammen, an denen oder zwischen denen ein Knäuel von Richtern und Hilfsrichtern klebt oder sich breitmacht, niemand hat das Gewimmel je durchschaut. Es werden hierarchieartige Strukturen vermutet, von grauen Eminenzen beherrscht, von literarischen Kommerzial-, Geheim- und Hofräten durchsetzt. Diese Kamarilla hat sich der Literatur bemächtigt. Die Oberrichter, Nebenrichter, Unterrichter, Richter und Hilfsrichter, Advokaten, Winkeladvokaten, Büttel, Schergen, Folterknechte und Henker haben sich vorgenommen, die Literatur von jenen, die sie schreiben, zu säubern und die Literatur durch Kritik zu ersetzen. Nicht was einer schreibt, ist wichtig, sondern wie er kritisiert wird: die Jagd, um ein anderes Bild zu brauchen. So wie es Großwild-, Hochwild- und Niederwildjäger gibt, indem sich einer auf Elefanten, einer auf Gemsen, ein anderer auf Hasen spezialisiert usw., gibt es Großwild-, Hochwild- und Niederwildkritiker. Auch gibt es den Pirschgang, die Treibjagd, die Hetzjagd und die Fangjagd. Den Fangschuß, den Fehlschuß und das Halali. Doch schieben sich die Jagdgebiete wie Wolken durcheinander: Wer kann genau sagen, wo das Kaiserreich, wo das Reich-Ranicki-Reich liegt, wo sich die Jagdgebiete der Spiegel-Mafia befinden und wo die Reservate zu suchen sind, in denen Raddatz jagt, geschweige denn, wo sich jene Wilderer herumtreiben, die alles ab- und anschießen, was ihnen vor die Schrotflinte kommt? Dem allen ausgeliefert, haben jene, die sich immer noch in der Literatur statt an ihr abmühen, längst ihre Macht über sie verloren, wie die Bürger auch, schlimmer noch, haben diese ihre Macht an ihre Volksvertreter vergammelt, die an die Regierung, die, eingebacken in die Verwaltung, nicht weiß, ob sie regiert oder regiert wird, ein steuerloser Dampfer, Sprechblasen aussstoßend, ist ein Schriftsteller durch niemand vertreten, seine Richter hinter ihren Schreibtischen und Mikrophonen und in den Fernsehschirmen sind nicht seine Stellvertreter, es gibt kein Wahlrecht im Reiche eines Rezensenten, das den Rezensenten absetzen könnte. Auf die Frage jedoch, wodurch der Rezensent legitimiert sei zu rezensieren, scheint keine andere Antwort möglich als durch die Gesetze Konrad Dudens, vermag der Rezensent doch die Macht, die er nun einmal der öffentlichen Meinung gegenüber hat, nur mit etwas zu legitimieren, das außerhalb seiner persönlichen Meinung über Literatur und außerhalb der öffentlichen Meinung liegt, die er ja selber schafft, und da seh ich keine andere Instanz als den Duden, und weil der Duden das Gesetz verkörpert, keinen anderen Vergleich für einen, der über die Literatur ein Urteil fällt, von welcher Potenz auch immer, als mit einem Rabbiner, dessen Berechtigung, über das Tun der Gläubigen zu urteilen, sich auf das Gesetz Mosis gründet. Doch um mich aus diesem gefährlichen Vergleich mit der Religion ins Freie zu retten, aus einem Gebiet, das nicht nur durch Khomeini immer fundamentaler wird, wo nur noch wenige verängstigte Nihilisten und Atheisten herumlaufen, während ringsum in der näheren Umgebung sich alles Christ nennt und nur noch selten einer Humanist oder gar Marxist, von der edelsten Sorte freilich (von den vorwissenschaftlichen Ideologen des Ostens abgesehen, die am abdanken sind), ist es wohl klüger, sich auf ein anderes Terrain zurückzuziehen, wo die menschlichen Glaubenskämpfe so sublimiert ausgetragen werden, daß es beinahe sachlich zugeht, auf das Gebiet der Mathematik. In dieses Gebiet transponiert ist der Duden – seine Rechtschreibung, Formenlehre und Syntax usw. – mit der euklidischen Geometrie zu vergleichen. Die Winkelsumme eines euklidischen Dreiecks ist hundertachtzig Grad, die euklidische Geometrie stimmt in sich so wie der Duden in sich stimmt, so daß er das einzige Buch ist, bei dem er vollkommen stimmt. Doch der Vergleich hinkt. Die Syntax der Sprache ist mit der Mathematik nicht unmittelbar vergleichbar, was sie mit der Mathematik mittelbar vergleichbar macht, ist die Logik, aber die Logik trennt die beiden wieder. Die Logik stellt die Denkgesetze dar. Diese sind der Mathematik immanent. Die Mathematik ist die unendliche Exekution der Logik. Die Mathematik sagt nichts anderes aus als die von ihr konstruierten Begriffe, sie sagt nichts anderes aus als sich selber. Die Sprache dagegen ist transzendent. Sie sagt über etwas aus, was außer ihr ist, sie hat nicht sich selber zum Inhalt. Gewiß besitzt die Sprache an sich betrachtet eine ihr immanente Logik, insofern es die Sprache an sich überhaupt gibt und nicht nur Sprachen, aber diese Logik sagt nichts über das der Sprache Transzendente aus, über ihren gemeinten Inhalt. Im transzendenten Inhalt der Sprache kommt diese mit der Logik in Konflikt. Wer behauptet, er lüge, lügt nicht, weil er die Wahrheit sagt, und weil er die Wahrheit sagt, lügt er, er macht gleicherweise die Lüge und die Wahrheit möglich und widerlegt die Allgemeingültigkeit des Axioms, daß A entweder gleich oder ungleich B und eine dritte Möglichkeit ausgeschlossen sei. Diese Widerlegung mußte die Logik wohl oder übel solange akzeptieren, als sie in der Sprache hauste, genauer: in deren Syntax. Seit Aristoteles fühlte sie sich in ihr wohl, die Scholastik spielte mit der Sprache, versteckte in ihr die Ostereier, die sie dann fand, die unsterbliche Seele, Gott usw. Doch der Logik wurde es in der Sprache immer unbequemer. Mit Grauen machte sie die Schwierigkeiten durch, mit denen Platon seine fünf Idealkörper Kubus, Oktaeder, Dodekaeder, Ikosaeder, Pyramide aus Urdreiecken konstituierte, ein entsetzliches Stück Prosa, ließ sich während Jahrhunderten von Papst Johannes XXI. mit Barbara, Celarent, Darii, Ferio – Baralipton, Dabitis, Fapesmo, Frisesomorum usw. traktieren, bis es ihr zu bunt wurde. Sie siedelte zur Mathematik über, von der ›Wortsprache‹ zur ›Zeichensprache‹ der Mathematik. Sie entließ die unsterbliche Seele, Gott und andere

Metaphysikalien samt der Frage nach der Wahrheit ihrer Kompetenz und kümmerte sich nur noch darum, ob das Netz, mit dem man die Wahrheit zu fangen hoffte, auch richtig geknüpft sei, nämlich logisch. Die Sprache stand verlegen da. Sie hatte mit dem ›ich lüge‹ der Logik ein Bein gestellt, indem sie das Wahrheitsproblem in diese geschmuggelt hatte, das sie selber lieber hätte vermeiden sollen. Die Wahrheit ist nicht ihre Sache. Allzusehr ist die Sprache mit der Lüge verschwistert. Im ungeheuren Reich zwischen Inhalt und Form, zwischen dem Faktischen und Logischen, zwischen dem Wirklichen und Scheinbaren, zwischen der Wahrheit und dem Hypothetischen, durchtost von den Orkanen des Glaubens, durchfegt von den Phantomgestalten der Phantasie, den Hofnarren des Humors und den Spottgeburten des Hasses, durchsäuselt von Liebesseufzern, umheult von Gelächtern, durchgellt von Flüchen, verpestet von den Sumpfgasen der Vorurteile, dann wieder eingedöst vom Föhn leerer Schönheit und den Abgasen der Feierlichkeit, sucht die Sprache im Limbus dieses Zwischenreichs einen bleibenden Satz außerhalb abgekarteter Definitionen, alles Faktische ist vergänglich, ›es regnet‹ stimmt nicht mehr, wenn es aufgehört hat zu regnen, ›es regnet manchmal nicht mehr‹, wenn es nie mehr regnet, und es wird einmal nie mehr regnen, macht die Menschheit wie bisher weiter, ›ich stehe jetzt‹ ist unwahr, wenn ich wie jetzt, während ich schreibe, sitze, und wahr, wenn ich stehe, ob die Aussage wahr oder falsch ist, vermag nur der festzustellen, der bei der Aussage gegenwärtig ist, der Nichtgegenwärtige kann zwar nachträglich den Schluß wagen, daß ich wahrscheinlich am Schreibtisch sitze, wenn ich diese Aussage mache, damit lüge, aber mehr als wahrscheinlich ist dieser Schluß nicht, ich kann auch am Stehpult schreiben. Die Mathematik dagegen kann nicht lügen. Sie kennt nicht das Urteil wahr oder unwahr, sie stellt nur fest, ob ihre Aussagen logisch oder unlogisch sind, richtig oder falsch, wobei sie, erweisen sie sich als falsch, aus der Mathematik verschwinden. Je mehr sich jedoch die Mathematik von der Sprache löst, indem »die Mathematik ganz und gar aus Symbolen besteht, die keine in der sinnlichen und in der geistigen Anschauung aufzuweisende Bedeutung haben und mit denen nach sicheren Regeln operiert wird«*, oder gar indem sie sogar die Mathematik von den mathematischen Symbolen trennt, »die nur Hilfsmittel zur Unterstützung des Gedächtnisses durch Fixierung und zur Mitteilung«** darstellen, desto schärfer bilden sich allmählich zwei Kulturen. Das Denken wird vom Gefühl getrennt. Die Denkgesetze erweisen sich als fähig, die Naturgesetze auszudrükken. Die Mathematik legt ihre Gesetze in die Natur hinein, und die Natur zwingt ihre Gesetze der Mathematik auf. In der Physik wird die Mathematik transzendent, sie sagt etwas über die Physik aus, und insofern die Physik etwas über die Natur aussagt, sagt die Mathematik etwas über die Natur aus. Mathematisch ist $E = mc^2$ eine Gleichung, die unendlich viele Lösungen zuläßt, wenn m 1 ist und c 3, ist E 9; $9 = 1 \times 9$, die Gleichung stellt, wie auch immer E, m und c besetzt werden, damit sie aufgeht, stets den Identitätssatz dar $A = A$, doch wenn ich statt E Energie setze und statt m ein Kilo Masse und c die Lichtgeschwindigkeit im Vakuum 300 000 Kilometer oder 300 Millionen Meter in der Sekunde, so erhalte ich eine Auskunft über die Physik

* Hermann Weyl, *Philosophie der Mathematik und Naturwissenschaft,* R. Oldenbourg, München 1976, S. 87f.
** ebenda.

mit Hilfe der Mathematik, die nämlich, daß ein Kilo Masse, die ich mit 90 Milliarden Kilometer oder 90 000 Billionen = 9×10^{16} Meter in der Sekunde bewege, reine Energie wird. Nun weiß ich über die Natur gleichzeitig mehr und weniger. Energie und Masse sind ineinander verwandelbar, wobei ich freilich ratloser bin als vorher. Die Physik kommt mit sich selber in Konflikt. Sie kennt keine Geschwindigkeit, die schneller ist als das Licht. c^2 ist eine physikalische Unmöglichkeit. Aber nicht nur c^2. Auch der Begriff reine Energie. Ich kann zwar sagen, daß es eine Arbeit von 9×10^{16} Joule bedeute, um ein Kilo Masse in reine Energie zu verwandeln, die Arbeit von tausend Hiroshima-Bomben, wobei ein Joule die Arbeit bedeutet, die nötig ist, ein Kilo einen Meter in der Sekunde hochzutreiben. Aber was soll reine Energie heißen? Energie = Energie sagt nichts aus, die Transzendenz ist zurückgenommen. Energie hat nur in ihrer Verbindung mit Masse und Zeit einen Sinn. Die Zauberformel $E = mc^2$ sagt aus, wieviel Energie es braucht, um die Masse in Nichts zu verwandeln, und da diese Umstände unmöglich sind, weil es die Geschwindigkeit von 90 Milliarden Kilometer in der Sekunde nicht gibt, bedeutet es, daß es diese Formel nur als Idee gibt, aber vielleicht auch, daß die reine Umwandlung von Masse in Energie nicht möglich ist, daß, was wir Energie nennen, Masse ist, nur in anderer Form, zerstrahlt, in Partikel aufgelöst, Masse = Masse, was wiederum nichts aussagt. Nun ist das eine kabbalistische Auslegung einer physikalischen Formel. Die Physik treibt die Metaphysik aus dem Objekt hinaus und in die Mathematik hinein. Die Physik abstrahiert nicht, indem sie die Mathematik transzendiert, sie idealisiert, das Objekt bleibt als unerkennbares dunkles Rätsel zurück. Das Wissen hetzt das Objekt vor sich her, ohne es je zu erreichen. Für Sokrates waren die Sterne noch jenseits des Wißbaren, unnütz über sie nachzudenken, dann wurden sie Objekte der Spekulation, endlich Sonnen, ins Leere hineinbrennend, doch damit wurden sie noch geheimnisvoller, sie wurden zu riesenhaften Ansammlungen von Atomen, um die Sterne zu verstehen, mußten einerseits der Raum, worin sich diese heißen Gaskugeln befanden, andererseits die Atome, aus denen sie bestanden, verstanden werden. Beide Aufgaben führten notwendigerweise ins Unanschaubare, ins Nur-Denkbare, ins Ideelle eben, einerseits zu einem Weltall, von dem wir mehr wissen als je zuvor, das aber rätselhafter ist als je zuvor, andererseits zu Partikeln, von denen wir nicht mehr zu unterscheiden wissen, was Interpretation und was Realität ist. Stellt diese Entwicklung zwar das Kühnste dar, was Menschen je unternahmen und unternehmen, einen Vorstoß ins Reich der zurückweichenden Phänomene, gestützt auf Ahnungen, Irrtümer, korrigiert durch andere Irrtümer, beschleicht uns doch ein Unbehagen. Sind die Denkgesetze der Mathematik, mit denen die Physiker die Natur beschreiben, subjektiv, insofern sie dem menschlichen Verstand als dessen Logik entspringen, so muß auch die Wurzel dessen, was die Physiker über die Welt außerhalb des Subjekts auszusagen vermögen, im Subjektiven und damit im Apriorischen liegen. Die Welt ist unser Denkgebilde, das der Fall ist. Sie ist für uns insofern, als sie denkbar ist. Als gedacht ist sie Objekt geworden, abgetrennt vom Subjekt. Doch der Mensch fühlt mehr, als er denkt. Die Welt als Denkgebilde ist mittelbar, sie wird erschlossen, durchdacht, weitergedacht. Sie expandiert nicht nur als Modell, sondern auch als Gedankengebilde. Als Gefühlswelt ist sie unmittelbar, sie ist sinnlich, und es gibt nichts Unmittelbareres als das Sinnliche. Gedanklich besteht das Licht einerseits aus Photonen, von denen Einstein sagt, er habe sie entdeckt, aber er sei offenbar der einzige, der keine Ahnung habe, was er sich darunter vorstellen könne, andererseits aus jenen Frequenzen der elektromagnetischen Wellen, die unser Hirn in Licht und Farbe umwandelt. Licht und Farbe sind gefühlte elektromagnetische Wellen, wie auch die Wärme, die, insofern wir Sehen, Hören, Fühlen usw., zur Sinnen- und damit zur Gefühlswelt zählen. Diese ist mit der Erlebniswelt des Menschen identisch. Er ist in diese evolutionär hineingewachsen, genauer, er bildete sie zuerst aus, das Gedankengebilde Welt nachträglich, die Gefühls- und Erlebniswelt ist das Bleibende, das Gedankengebilde Welt verändert sich, der unmittelbare Schrecken vor dem nahen Blitzschlag bleibt der gleiche, die Erklärung über das Ereignis wandelt sich, einmal war es ein Blitzstrahl, von einem Gott geschleudert, nun eine elektrische Entladung. Unterliegt die Welt als Gedankengebilde den logischen Urteilen, ›richtig oder falsch‹, ›entweder oder‹, ›wenn, dann‹ usw., so die Gefühlswelt den Werturteilen. Diese sind nicht logisch, sondern ideologisch. A = A gilt für alle, es ist ein quantitatives, formales Urteil, ein unlösbares Problem der Mathematik ist auch für einen Gott unlösbar, eine physikalische Aussage wird gestützt oder widerlegt, je nachdem das physikalische Phänomen durch sie dargestellt ist oder nicht, Werturteile sind quantitative Aussagen, sie gelten einerseits nur für den Einzelnen, der die Werte empfindet, fühlt, erlebt, nach ihnen handelt, andererseits sollen sie für alle gelten. Sie sind problematische Urteile. Werturteile kennen nicht ein Richtig oder Falsch, sondern ein Frei oder Unfrei, Gerecht oder Ungerecht, ein Gut oder Böse im Ethischen und ein Gut oder Schlecht im Ästhetischen mit all den Schattierungen, welche diese Urteile mit sich bringen. Daneben gibt es jedoch noch Werturteile im faktischen Wahr oder Unwahr, das wir vom logisch-mathematischen Urteil richtig oder falsch abgetrennt haben, ein Werturteil, das im Vorstoß der exakten Wissenschaften in die Wirklichkeit eine Rolle spielt, folgen ihm doch die Piratenschiffe der Technik; die Einsichten, welche die exakten Wissenschaften der Wirklichkeit ablisteten, wurden zu Brauchbarkeiten, und am Brauchbaren klebt ein Wert. Funktionierbar und nicht-funktionierbar. Nur die faktischen Werturteile wahr oder unwahr gelten für alle. Plündert die Technik die Physik, plündert die Politik die Ethik aus, jenen Aspekt der Philosophie, den ihr die exakten Naturwissenschaften ließen. Antworten diese auf die Frage, was können wir wissen, antwortet jene auf die Frage, was sollen wir tun. Die Antwort kann nur ein Werturteil sein. Dem mathematisch-logischen Richtig oder Falsch, das in sich stimmt, steht das ethische Richtig oder Falsch gegenüber, das sich nach der Idee richtet, die unser Handeln bestimmt: Das Werturteil ist ideell: Es mißt sich an einer Idee. Der unerlaubte Sprung vom Reiche der Ideen in das Reich der Wirklichkeit, die metabasis eis allo genos scheint unvermeidlich, die Frage ist nur, ob er auch in den exakten Wissenschaften zu vermeiden ist. Doch weil die Frage nach unserem Tun das Wichtigste ist, stehen wir immer noch unter dem Primat der Philosophie, doch nur insofern sie Ethik ist. Als solche wendet sie sich an das Allgemeine und an den Einzelnen. Sie gerät in einen Widerspruch. Der Einzelne ist weder ein Teil des Allgemeinen noch dieses die Summe aller Einzelnen. Das Allgemeine ist eine Fiktion.

Der Mensch ist als Einzelner ein Einziger. Er ist einmalig. Seine Einmaligkeit ist seine Qualität. Das Allgemeine negiert die Qualität und verwandelt den Einzelnen in eine Quantität, in einen, der mit jedem anderen zu verwechseln ist. Dagegen wehrt sich der Einzelne instinktiv. Hier setzten die Ideologien ein. Gleichgültig ob sie einer scharfsinnigen Gesellschaftsanalyse entspringen, emotionalen Motiven oder gar einer Religion, sie müssen sich an Gefühle wenden, nur durch das Gefühl, gleich zu werten wie die Allgemeinheit, vermag der Einzelne sich als einer ihrer Teile zu empfinden. Die Zuschauer heulen auf, wenn ihre Mannschaft ein Tor erzielt, was sie eint, ist das Gefühl, identisch mit der Mannschaft zu sein. Dieses Gefühl, identisch zu sein mit etwas Allgemeinem, mit einer Mannschaft, mit einer Partei, mit einem Volk usw. vermitteln die Ideologien, mit denen die Politik arbeitet, deren Ideen sie aus der Philosophie plünderte. Der Einzelne, fällt er auf eine Ideologie herein, fühlt sich mit denen, welche die Ideologie verkünden, und mit jenen, die sie annehmen, identisch. Statt daß er die Werte setzt, nimmt er die Werte an, die von der Ideologie gesetzt werden. Dabei sind die Hauptwerte, die jede Ideologie ins Feld führt, Freiheit und Gerechtigkeit, strenggenommen metaphysische Ideen, praktische Fiktionen, Prinzipien, evolutionär herausgespielte Regeln des Zusammenlebens, je nach Bedarf derer angewandt, die an der Macht sind. Freiheit und Gerechtigkeit sind komplementäre Begriffe, weder ist Freiheit ohne Gerechtigkeit noch Gerechtigkeit ohne Freiheit möglich. Aber in dieser Konstellation kommt der Konflikt zwischen dem Einzelnen und dem Allgemeinen zum Vorschein. Beide Parteien sind verschiedenen Instanzen unterworfen, der Einzelne dem Gewissen, dem subjektiven

Bewerten seiner beabsichtigten oder ausgeführten Handlung, einer sehr variablen Instanz, der Staat dem Recht, einer ebenso variablen Instanz. Bald beruft sich der Staat auf sie, bald nicht, und mit zweierlei Maß mißt er ohnehin.

Die Dinosaurier und das Gesetz

Auch das Recht selber ist variabel. Recht sei das, was einem Begriff, einer Forderung gemäß sei, definiert kurz und bündig das *Philosophische Wörterbuch*, Kröner 1922, 1943 meint es schon, Recht sei, was innerhalb der rassisch völkischen Gesamtheit eines Volkes als erhaltend und fördernd für Gegenwart und Zukunft der Volksgemeinschaft nicht nur empfunden, sondern aus innerem sittlichen Antrieb durchgesetzt werde, besonders von der Führung des Staates des betreffenden Volkes, und 1974 definiert es, Recht sei der Inbegriff der ethischen Gemeinschaftswerte, ursprünglich beruhend auf der Idee der Gleichheit: gleichen Pflichten sollen gleiche Rechte entsprechen. Doch ›Du sollst nicht stehlen‹ sanktioniert den Besitz, einen Gemeinschaftswert, sichert das Privateigentum und fördert die Ungleichheit und damit die Ungerechtigkeit. Die Gesellschaft zerfällt nicht nur in Reiche und Arme, sondern auch in Hausbesitzer und Mieter usw. Auch ›Du sollst nicht töten‹ verwickelt sich in Paradoxien: Menschen und Tiere dürften danach nicht getötet werden, doch auch unser Leib vermag nur zu leben, indem er unzählige von Kleinstlebewesen vernichtet, ja das Leben kann nur erzeugt werden, wenn Abermillionen von Spermen dem Tod überlassen werden. Das Leben, weil es tötet, fiele selbst dem Gebot ›Du sollst nicht töten‹ zum Opfer.

Leben ist Mord. Ein Gesetz darf nicht absolut sein. Es muß spezifiziert werden können. Es kommt auf die Definition an. Denken wir uns das Gebot ›Du sollst nicht töten‹ bei den Dinosauriern in einer Riesenwelt kraftstrotzender Monstren, noch nicht angekränkelt von des Gedankens Blässe. Ein gieriges Herunterwürgen von Tang, ein wütendes Peitschen von riesigen Schwänzen, ein Zubeißen und Zerfleischen, ein Mampfen und Saufen, eine panische Angst und Davontrampeln, ein Untertauchen und mächtiges Flattern und Segeln, ein polterndes Dahinfallen und Verwesen. Träge treiben die Riesentiere im Zeitstrom, Evolutionswitze, ungeheuerliche Fleischkonserven. Die Pflanzenfresser wissen nicht, warum die Fleischfresser sie angreifen. Sie wären längst aufgefressen, hätten sie sich nicht mit Panzern geschützt, so daß unter den beiden Riesenarten ein Rüstungswettbewerb stattfindet. Die Pflanzenfresser entwickeln immer groteskere Panzer und die Fleischfresser immer mächtigere Gebisse, ähnlich dem heutigen Wettrüsten zwischen Panzer und Panzerabwehrwaffen, bis sich an einem warmen, wolkenlosen Herbsttag im Mesozoikum, Ende Jura, Beginn Kreide, zwei Pflanzenfresser, der Brontosaurus und der Stegosaurus, treffen. Der Brontosaurus ist 30 Tonnen schwer und 20 Meter lang. Sein Kopf ist nicht mehr als eine Anschwellung am Vorderende des Schlangenhalses. Er birgt wenige schwache Zähne und ein kleines Hirn. Die Hinterbeine werden von einem mächtigen Nervenknoten gelenkt, einem zweiten Hirn, das weit hinten an der Lendenwirbelsäule liegt und um ein Mehrfaches größer ist als das Spatzengehirn im Kopf. Er lebt in den Sümpfen, kann sich auch ins Wasser wagen, stampft ungern über Land und ist zu faul, um mehr als hin und wieder nachzudenken, genauer, er denkt eigentlich fast nie, und wenn er denkt, ist er viel zu zerstreut, manchmal will er mit den Vorderbeinen vorwärts und mit den Hinterbeinen rückwärts oder mit den Vorderbeinen rückwärts und mit den Hinterbeinen vorwärts, weil er mit seinen zwei Hirnen nie recht weiß, was vorne und was hinten ist. In dieser Konfusion kommt er nicht vom Fleck, darum bleibt er am liebsten im Sumpf, das fällt dann nicht so auf. Der Stegosaurus lebt auf dem Land. Er ist nur 10 Tonnen schwer und 6 Meter lang, gepanzert, den kleinen spitzen Kopf dicht am Boden, auf dem hochgewölbten Rücken befinden sich längs der ganzen Wirbelsäule schwere dreieckige Platten. Er hat ebenfalls zwei Hirne, wobei das hintere zwanzigmal größer ist als das vordere, das 70 Gramm wiegt, der Denker unter den Dinosauriern. Seine Beine sind besser koordiniert als beim Brontosaurus. Denn während sein Kopfhirn mit Nahrungssorgen beschäftigt ist und damit mit der Fortbewegung, ist sein Steißhirn geistesabwesend, so daß seine Hinterbeine instinktiv dem Kopfhirn gehorchen. Unterdessen denkt sein Steißhirn darüber nach, warum er nicht fliegen kann wie der Pteranodon mit 8 Metern Flügelspannweite oder schwimmen wie der Elasmosaurus, ein 15 Meter langes elegantes Vieh mit Flossen, das er ungemein verehrt, ein Sinnieren, das seinem Schwanz einen melancholischen Ausdruck verleiht, was dadurch zustande kommt, weil bei seiner Panzerung niemand recht weiß, was hinten und vorn ist, der Schwanz sieht ziemlich gleich aus wie der Kopf. Die Brontosaurier und Stegosaurier vermehren sich mäßig. Nicht daß sie weniger Eier legen als die anderen Saurier, aber ihr Geschlechtsleben vermag sich wegen ihrer Körpergröße nicht in jener Intimität abzuspielen, welche die Erotik nun einmal verlangt. Wenn die

Brontosaurier sich paaren – obgleich sie nicht wissen, warum sie das tun, der Sinn ihres Triebs ist ihnen verschlossen –, gibt es ein derartiges Riesenschauspiel, daß alle Dinosaurier zusammenströmen, wenn dieses Tätigkeitswort auch nicht ganz paßt bei all den in Panzer verpackten Fleischmassen gleich abenteuerlichen Konservenbüchsen auf vier Beinen, die da herantrampeln. Das tun sie auch, wenn sich zwei Stegosaurier anschicken, den Beischlaf zu versuchen, die Zuschauer sind neugierig, wie das überhaupt möglich ist, und brechen bei jedem mißglückten Versuch des schwergepanzerten Liebespaares in ein Gelächter aus, während sie, hat endlich ein Brontosaurus eine Brontosaura bestiegen, in laute Beifallsrufe ausbrechen, ein Umstand, der in beiden Fällen die Leidenschaft empfindlich dämpft, eines der beiden Hirne ist immer geniert. Die beiden Dinosaurier kommen zufällig ins Gespräch. Die Begegnung ist ebenso selten wie kompliziert, selten, weil jeder der beiden Dinosaurier ein bestimmtes Weidgebiet besitzt. Der Brontosaurus nennt ein ausgedehntes Sumpfgebiet sein eigen, während der Stegosaurus über ausgedehnte Wäldereien und etwa zwanzig Quadratkilometer Steppe gegen den großen Vulkan hin verfügt. Zwischen den Ländereien der beiden Großgrundbesitzer befindet sich ein Streifen Niemandsland, in den [sich] zu verirren kein Grund vorhanden ist, doch der Stegosaurus hat in der Nähe des Sumpfs nach Schachtelhalmsprößlingen gesucht und sich dabei verirrt, als der Brontosaurier mit ihm zusammentrifft, dessen Morgenspaziergang länger als vorgesehen ausfiel, weil er dabei wieder eingeschlafen war, vorne und hinten: Er kann am besten gehen, wenn er am Tage nachtwandelt. Kompliziert: Da der Kopf des Brontosaurus beim Dahinstampfen 7 Meter über der Erde auf und ab wippt und überaus kurzsichtig ist, stößt sein Leib mit der Brust von hinten auf den Rücken des 4 Meter hohen äsenden Stegosaurus, dessen Schwanz unter den Bauch des Brontosaurus gerät. Dieser erwacht, zuerst mit dem hinteren Hirn, dann mit dem vorderen, erschrickt, erkennt dann aber, den Hals biegend, daß es sich um den Stegosaurus handelt. Trotzdem dauert es noch mehrere Stunden, bis sie sich, ineinander verkeilt, auseinander manövriert und sich in eine Lage gebracht haben, die es erlaubt, miteinander zu sprechen. Weil der Stegosaurus seinen Kopf nicht vom Boden erheben kann, muß der Brontosaurus so weit von ihm abrücken, bis sich die Köpfe endlich Schnauze an Schnauze gegenüberbefinden. Nach einem Gedankenaustausch über die Klimaverschlechterung in der Kreide und über den nächsten Vulkanausbruch, kommen sie auf den Tyrannosaurus rex zu sprechen, der schon einen Vetter und einen Onkel des Stegosaurus gefressen hat und der Grund ist, weswegen das Weib des Brontosaurus hinkt und Mühe beim Eierlegen hat. Der Tyrannosaurus ist 6 Meter hoch und 15 Meter lang, besitzt ein riesiges Gebiß mit 15 cm langen Säbelzähnen und rennt mit der Geschwindigkeit einer Lokomotive auf seinen mächtigen dreizehigen, mit Krallen bewehrten Hinterbeinen durch die Laubwälder, während die Vorderbeine derart verkümmert sind, daß er sich nicht einmal am Kopf kratzen kann, was manchmal nützlich wäre, denn er hat nur ein Hirn. Sie müßten etwas gegen den Kannibalismus unter den Dinosauriern tun, meint der Stegosaurus, sie blamierten sich sonst vor der ganzen Evolution. Was? fragt der Brontosaurus nach einer Weile, da er mit dem Steißgehirn denkt und das Gehörte Zeit braucht, bis es dorthingelangt, überdacht und die Frage ins Kopfgehirn zurückspediert wird. Beim Stegosaurus geht es etwas schneller, nicht nur weil er eine Spur intellektueller ist, sondern weil das vordere Hirn nur 4 Meter vom hinteren entfernt ist, nicht 15 Meter wie beim Brontosaurus. Wir erlassen das Gesetz, ein Dinosaurier dürfe keinen Dinosaurier töten, antwortet er. Geht nicht, meint der Brontosaurus nach einer Viertelstunde. Der Tyrannosaurus rex sei ein Fleischfresser. Er verhungere, wenn er keine Dinosaurier fressen könne, und etwas anderes gebe es im Mesozoikum nicht als Dinosaurier. Es ist die längste Rede, die je von einem Brontosaurus gehalten wurde. Der Stegosaurus ist so verblüfft, daß er eine Weile schweigt und einige Schachtelhalmsprößlinge frißt. Die Stegosaurier und die Brontosaurier seien allein die echten Dinosaurier, erklärt er endlich mampfend, weil nur sie zwei Hirne hätten, die andern Saurier seien bloß einhirnige Echsen. Wer hat zwei Hirne? fragt der Brontosaurus nach einer halben Stunde. Wir, antwortet der Stegosaurus nach fünf Minuten. Ihm neu, darum sei er wohl manchmal so durcheinander, meint der Brontosaurus, und die Sonne beginnt unterzugehen. Sie beide dächten hinten und vorn, sagt der Stegosaurus, vorne vage und hinten genauer, doch als der Brontosaurus sich anschickt zu antworten, geht die Sonne unter, und weil sie Kaltblüter sind, stehen sie beide die ganze Nacht über unbeweglich da wie im Museum ausgestellt. Kaum ist die Sonne aufgegangen, eben als der Brontosaurus antworten will, bricht ein Tyrannosaurus-rex-Weibchen durch den Ginkgobaum- und Fächerpalmdschungel, derart krachend und donnernd, daß Schwärme von unzeitgemäßen Urvögeln davonflattern. Das Weibchen ist noch größer und länger als das Männchen, fast 8 Meter hoch und beinahe 20 Meter lang. Der Brontosaurus rettet sich vom

Sumpf in den See; fürchtet er sich, hat er keine Zeit zum Denken und erreicht Geschwindigkeiten eines Sattelschleppers, während der Stegosaurus, der noch erstarrt ist, weil es Zeit braucht, bis sich sein Panzer erwärmt hat, vom Tyrannosaurus gepackt wird. Das hungrige Ungetüm beißt an ihm herum und versucht ihn auf den Rücken zu wälzen. Er solle loslassen, keucht der Stegosaurus endlich, von seinen Angriffen erwärmt, ob er denn nicht wisse, daß es verboten sei, Dinosaurier zu töten. Der Tyrannosaurus stutzt. Er hatte eben den Schwanz des Stegosauriers gepackt und dachte, [d]er sei der Kopf, nun redet der Schwanz. He? grunzt er verwirrt. Wer zwei Hirne habe, erklärt der Stegosaurus, sei ein echter Dinosaurier, und er, der Stegosaurus, und der Brontosaurus hätten zwei Hirne, der Tyrannosaurus solle gefälligst Vegetarier fressen, diese hätten nur ein Hirn, so verstoße er nicht gegen das Gesetz, ein Dinosaurier dürfe einen anderen Dinosaurier nicht töten. Der Tyrannosaurus läßt vom Schwanz des Stegosaurus ab, den er für den Kopf gehalten hat. Dann sei er eben nur ein Saurier, er habe nur ein Hirn, und im übrigen sei es ihm gleichgültig, was er sei, die Hauptsache für ihn sei, daß er Hunger habe, faucht er, trotzdem er eine Sie ist, aber das weiß er nicht, und versucht nach dem Kopf des Stegosaurus zu schnappen, den er für den Schwanz gehalten hat. Irrtum, sagt dieser, er habe auch zwei Hirne, nur denke er im Gegensatz zu ihnen beiden, dem Stegosaurus und dem Brontosaurus, mit dem vorderen, nicht mit dem hinteren Hirn. Das soll er ihm erst mal beweisen, sagt der Tyrannosaurus und richtet sich mißtrauisch auf. Er liebt es nicht, wenn man ihn hinters Licht führen will, wie alle Riesen hat er intellektuell einen Minderwertigkeitskomplex, und er ist ein sehr großer Riese. Wenn er Eier lege, ob er diese dann ausbrüte? fragt der Stegosaurus. Nein, sagt der Tyrannosaurus. Warum nicht? fragt der Stegosaurus. Der Tyrannosaurus weiß keine Antwort. Er schüttelt den Kopf, groß wie ein Volkswagenkäfer. Weil er die Eier bezerquetschen würde, antwortet der Stegosaurus, ein Beweis, daß er mit dem Hintern unbewußt denke. Also sei er ein Dinosaurier. Er, der Stegosaurier, und der Brontosaurier dürften daher erwarten, in Ruhe gelassen zu werden, denn kein Dinosaurier dürfe einen Dinosaurier töten. Der Tyrannosaurus zögert. Wer denn das Gesetz aufgestellt habe? will er wissen, neugierig wie Tyrannosaurierweibchen nun einmal sind. Der Stegosaurus, den sein Steißhirn warnt zu sagen, daß er das Gesetz erfunden habe, antwortet und ist selber über die Antwort verblüfft, der Tyrannosaurus deus, der, hundertmal größer als ein Tyrannosaurus, das Weltei gelegt habe, aus dem alles gekrochen sei. Dem Tyrannosaurus läuft es so eiskalt über den Rücken, daß er für eine Viertelstunde unbeweglich wird, als wäre es Nacht. Er fürchtet sich vor keinem Dinosaurier. Er weiß, daß er der Stärkste ist. Doch nun gibt es plötzlich einen Tyrannosaurus, der noch größer ist als er, hundertmal größer, er hat keine Ahnung, was das bedeutet, hundertmal. Aber es muß enorm groß sein. Vor allem, fährt der Stegosaurus fort, sei es für die Tyrannosaurier höchste Zeit, die Allosaurier zu fressen, diese fräßen noch mehr Saurier als die Tyrannosaurier, so daß die Allosaurier, obwohl halb so groß wie die Tyrannosaurier, gefürchteter seien als die Tyrannosaurier, infolgedessen viele Saurier die Allosaurier ob ihrer Ähnlichkeit mit den Tyrannosauriern für Tyrannosaurier hielten. Schweinerei, zischt der Tyrannosaurus. Allerdings, nickt der Stegosaurus, und wenn sie schon ins Gespräch gekommen seien, möchte er doch fragen, warum um Himmels willen die Tyrannosaurier ihre Eier in Vulkanasche legten. Das sei am bequemsten, meint der Tyrannosaurus. Am unsichersten, gibt der Stegosaurus zu bedenken. Die Vulkantätigkeit nehme zu, sie seien schließlich schon in der Kreide. Noch dreißig Millionen Jahre und das Mesozoikum sei zu Ende. Er stelle den Tyrannosauriern seine Ländereien zur Eierablage zur Verfügung. Er danke, sagt der Tyrannosaurus, und ein bisher unbekanntes warmes mütterliches Gefühl steigt in ihm hoch, unter uns Dinosauriern gilt von nun an das Gebot ›Du sollst nicht töten‹, erklärt er und donnert durch den Ginkgodschungel einem Allosaurus entgegen, der sich abmüht, einen Dinosaurier zu knacken, der aussieht wie eine Mischung von einem Panzerspähwagen und einem Schaf. ›Du sollst nicht töten‹ ist angenommen, ruft oder röhrt, oder was sonst die Dinosaurier tun, der Stegosaurus zum Brontosaurus hinüber, der bis zum Hals im grünen Brei des Sumpfes steckt. Er brauche drei Tage, um die Lage zu überdenken, antwortet der Brontosaurus. Der Stegosaurus bleibt. Er ist von seiner Gedankenarbeit erschöpft. Nach drei Tagen wälzt sich der Brontosaurus aus dem Sumpf, legt seinen Kopf zum Stegosaurus. Das mit dem Gebot klappe nicht, seufzt er, er habe es sich überlegt, der Steiß tue ihm weh, er könne fast nicht mehr gehen, derart intensiv habe er gedacht. Zuerst werde der Tyrannosaurus rex alle fleischfressenden Dinosaurier fressen, dann die pflanzenfressenden Dinosaurier, dann sie, den Brontosaurus und den Stegosaurus, trotz des Gebots ›Du sollst nicht töten‹, denn dann habe der Tyrannosaurus nichts anderes zu fressen als sie. Der Stegosaurus dreht sich mühsam um. Der Brontosaurus merkt erst jetzt, daß er mit dem Schwanz geredet hat. Der Tyrannosaurus rex werde sie nie fressen, sagt der Stegosaurus, und alle Dinosaurier werde er auch nie fressen. Er, der Stegosaurus, habe ihn im Griff. Wie denn? fragt der Brontosaurus. Durch Geburtenkontrolle, antwortet der Stegosaurus, der Tyrannosaurus rex lege in seinen Ländereien die Eier: Ein Gesetz muß aufgehoben werden können, damit es durchgesetzt werden kann.

Das Gesetz ›Du sollst nicht töten‹ berechtigt den Scharfrichter. Das Gesetz ist für die Einzelnen und für alle da. Es soll alle vor allen schützen. Töten die Einzelnen, verunsichern sie die anderen Einzelnen und müssen im Namen aller getötet werden. Im Gegensatz zu den Einzelnen sind alle Einzelnen eine Variable. Die Gesellschaft, der Staat, das Vaterland eben. Aber dieser Staat oder dieses Vaterland kann angegriffen werden oder angreifen, das Vorrecht zu töten fällt vom Henker den Einzelnen zu, dem Feind gegenüber ist für die Einzelnen das Gesetz aufgehoben, weigern sie sich zu töten, halten sie das Gesetz unter allen Umständen ein, werden sie als Verräter derer getötet, derentwegen das Gesetz ›Du sollst nicht töten‹ erlassen worden ist. Ein grobes Schema. Aber ein grundsätzliches, auch wenn die Todesstrafe durch eine Freiheitsstrafe ersetzt ist: Im Notfall gilt das Gesetz nicht, wobei der Notfall ebenfalls eine variable Größe ist, bestimmt durch den ins Vaterland verwandelten Staat. Eine Variable bestimmt eine andere Variable. Die Gesetze sind an sich zweideutig. Je nachdem ob sie vom Einzelnen oder vom Allgemeinen aus gesehen werden. Sie sind ein Netz, über den Menschen geworfen, aber ein Netz hat zwei Aspekte, jenen des Fisches und jenen des Fischers, jenen des Einzelnen und jenen des Staates. Das Gesetz begrenzt die Freiheit der Einzelnen, der Staat nennt die Begrenzung Gerechtigkeit. Der unauflösbare Gegensatz zwischen Freiheit und Gerechtigkeit liegt darin, daß die Freiheit ein ontologisch, die Gerechtigkeit ein konzeptionell metaphysischer Begriff ist. Der Einzelne fühlt die Freiheit und sollte die Gerechtigkeit begreifen, doch weil sein Begreifen schwächer ist als sein Fühlen, fühlt er die Gerechtigkeit als Ungerechtigkeit. Der Einzelne neigt dazu, die Gerechtigkeit fühlen zu wollen, die doch nur eine Konzeption des Verstandes ist. Er drängt sich an die Macht, weil er sich nur dann im Recht fühlt, auch wenn er im Unrecht ist. Macht gibt Recht. Aber die Intentionen derer an der Macht decken sich selten mit der Gerechtigkeit, die vom Staat gefordert wird, darum neigen jene dazu, den Staat [sich] anzugleichen, statt sich dem Staat. Die Gerechtigkeit kommt abhanden. Da der Staat variabel ist, je nach seiner Ideologie und je nach denen, die an der Macht sind, richten sich die Gesetze nach der Variablen. Der Fall Antigone: Daß Antigone ihren Bruder Polyneikes bestattet, wird von Kreon anders bewertet als von ihr. Für Kreon bestattet sie einen Staatsfeind, ihren Bruder, Staatsinteresse gegen religiöse Pflicht. Doch steht hinter beiden Forderungen die gleiche religiöse Vorstellung: Das Recht auf Bestattung ist ein Recht der Toten, ihnen dieses Recht zu entziehen heißt bestrafen. Das Grabmal verbindet den Toten mit den Lebenden. Durch die Erinnerung. Indem Kreon den Polyneikes nicht bestatten läßt, will er ihn aus der Erinnerung der Menschen tilgen. Nicht unverständlich. Polyneikes hat seine Vaterstadt verraten. Antigone dagegen will die Erinnerung an Polyneikes wachhalten. Der Tote darf nicht vergessen werden. Dem gegenüber steht freilich die merkwürdige

Begründung Antigones: »Denn niemals hätt ich für meine Kinder, noch wenn ein Gatte mir hinmoderte, der Stadt zum Trotz dies Leid mir auserwählt. Doch welcher Satzung tat ich das zuliebe? Für einen toten Gatten gab's Ersatz, für totes Kind vom andern Mann ein anderes. Da Mutter mir und Vater ruhn im Hades, kann mir ein Bruder nimmer mehr erstehn. Nach solcher Ordnung mußte ich dich ehren, ob's Kreon auch für ein Verbrechen hält und unerhörte Frechheit, Bruderherz.« Diese Verse wünschte Goethe sich weg. Sie müßten ›unecht‹ sein. Schadewaldt weist darauf hin, daß Sophokles diesen Gedanken von Herodot übernommen habe, damit erhalte »die Verpflichtung der Totenbestattung lediglich den letzten Ernst des Unbedingten«, andere sehen in diesen Worten eine Hybris, Antigone sei ebenso absolut wie Kreon, die Staatsethik und die Familienethik seien gleicherweise ins Extreme getrieben. Brecht in seiner Bearbeitung folgte Goethes Wunsch. Aber Antigone und Polyneikes sind mehr als Geschwister, sie sind mit Eteokles und Ismene die Kinder des Ödipus und der Iokaste, Kinder eines Inzests, ist doch Ödipus zugleich der Sohn und der Gatte der Iokaste. Hinzu kommt, daß sich Polyneikes und Eteokles gegenseitig im Zweikampf töteten, im ›Doppelwechselmord‹. Auch nicht zufällig. Ihr Vater, der zugleich ihr Bruder war, Ödipus, hatte sie dazu verflucht.* Antigone beruft sich auf die religiöse Pflicht der Totenbestattung, doch würde sie, hätte sie einen Gatten oder Kinder, diese den Hunden und Vögeln zum Fraß liegen lassen, das göttliche Gebot bezieht sich nur auf ihren Bruder. Der Verdacht, Polyneikes und Antigone habe eine inzestuöse Liebe ver-

* Sophokles, *Ödipus auf Kolonos;* Aischylos, *Sieben gegen Theben*

bunden, liegt nahe. Vor allem, weil sich Antigone in der Totenkammer erhängt, bevor diese zugemauert wird. Auch ihre Mutter Iokaste erhängte sich, als sie erfahren hatte, daß ihr Gatte Ödipus ihr Sohn [sei]. Sich erhängen ist ein Selbstgericht. Antigone ging auf, daß sie bewußt das gleiche getan hatte wie ihre Mutter unbewußt. Neben dieser Motivation wird die religiöse unbedeutend. Das subjektive Motiv einer Tat ist immer stärker als ein allgemeines, jenes verbirgt sich hinter diesem. Darum glaube ich den ideologischen Terroristen nicht. Der Rausch, Terrorist zu sein, ist ein stärkeres Motiv als ihre ideologischen Ausreden, ich mißtraue auch religiösen Terroristen, in der magischen Welt der antiken Tragödien ist Antigone eine religiöse Terroristin, deren Ideologie ich nicht ganz traue. Auch der Ideologie Kreons nicht. Er wird das Gezücht, das aus dem Leibe seiner Schwester Iokaste kroch und sie vernichtete, Ödipus und dessen Kinder, gehaßt haben, kam doch durch Ödipus die Pest und durch Polyneikes nach Theben der Krieg, in welchem er schon seinen ersten Sohn Menoikeus verloren hatte, Haß war sein subjektives Motiv, das er mit dem allgemeinen ›objektiven‹ der Staatsraison tarnte. Immer wieder fällt das Ethische ins Subjektive zurück. Damit muß auch die Politik rechnen. Allzustark sind die Begriffe Freiheit und Gerechtigkeit emotional geladen: Die intellektuelle Vision, die hinter dem Marxismus steht, hat auf seine Schwungkraft keine Wirkung. Was wirkt, ist das Gefühl, ungerecht behandelt, ausgebeutet zu werden, doch jede Lohnverbesserung dämpft den Umsturz. »Mästen Sie die Bauern, und die Revolution bekommt die Apoplexie«, schrieb Büchner. Die marxistische Ideologie besteht aus der Verwechslung einer evolutionären Vision mit einem politischen Programm. Der

Klassenkampf ist eine Interpretation der Geschichte, als hätten die Dinosaurier durch die Gründung einer Partei beschlossen, Säugetiere zu werden. Daß die Vergangenheit aus Klassenkämpfen bestand, ist eine Geschichtsinterpretation, die klassenlose Gesellschaft eine Fiktion. Die Verführung dieser Ideologie liegt in ihrer Konzeption, der sogar heute noch mit Vorliebe Intellektuelle und Regisseure unterliegen, erklären sie doch den Marxismus zur Utopie und damit heilig, denn Utopien, die verwirklicht werden können, wären keine Utopien mehr. Die Intellektuellen, die einst die Welt verändern wollten, wollen sie jetzt träumen. Stürzt sich dagegen eine Ideologie auf den emotionalen Gegenpol zu dieser ebenso intellektuellen wie zerbrechlichen Konstruktion einer klassenlosen Gesellschaft, nämlich auf das Volk und auf das Vaterland, bilden sich Gefühlsmoleküle, an die sich weitere Gefühlsmoleküle wie Liebe, Treue, Hingabe, Mut, Stolz, Pflicht, Scham usw. heften und ein Riesenmolekül bilden, woran andere Gefühlsmoleküle kleben wie Rasse, Heldentum, Unbedingtheit, Fremdenfeindlichkeit, Schande einen Weltkrieg mit Pauken und Trompeten verloren zu haben usw., ein ungemeines Urmeer positiver Eigenschaften. Diese Gefühlsbombe explodierte. Hitler war ein von der Macht berauschter Gefühlsmensch, der Nationalsozialismus eine Gefühlsorgie. Dagegen läßt ein moderner Staat die Begeisterung für ihn, wenn schon, nur gedämpft hochkommen, das ist das Gute an ihm. Er ist eine funktionelle, durch die Verfassung definierte Institution. Er hat zu funktionieren, ihm gegenüber ist Kritik am Platz, nicht Beifall, den spenden die Politiker sich selber. Doch wird etwas Neues wirksam werden. Das Gesetz der großen Zahl. Die Menschheit hat die Fünfmilliardengrenze überschritten. War es wenigstens zweifelhaft, ob es bei der Frage, wie sollen wir handeln, auch ein Apriori gebe wie in der Frage, was können wir wissen, weil der kategorische Imperativ, ein jeder solle so handeln, daß die Maxime seines Willens zugleich als Prinzip einer allgemeinen Gesetzgebung gelten könne, dann auch umkehrbar sein müßte, so daß dadurch von einer allgemeinen Gesetzgebung aus das Handeln eines jeden Einzelnen bestimmbar wäre. Wie wir die Logik und die Mathematik in der Wurzel identisch setzen, so müßten wir, akzeptierten wir den kategorischen Imperativ, die Ethik und die Logik in der Wurzel ebenfalls gleichsetzen, die Ethik wäre dann ebenfalls mathematisch (Spinoza): Vom Allgemeinen aus ließe sich das Besondere bestimmen, das Besondere ginge im Allgemeinen auf. Darin ist das Als-ob der Gesetzgebung. Sie tut notgedrungen so, als ob es möglich wäre, vom Allgemeinen her die Gesetze für den Einzelnen zu bestimmen und ihm vorzuschreiben, was er nicht tun darf. Doch weil der kategorische Imperativ sich nur ans Subjekt, an den Einzelnen, richtet und deshalb nicht zwingend vom Allgemeinen, vom Gesetz, gefolgert werden kann, wird dem Staatsanwalt der Verteidiger gegenübergestellt, der Feststellung, das Gesetz sei verletzt worden, die Frage, warum es geschehen sei, dem Faktum das Motiv, und der Richter ist da, aus dem Faktum und aus den Motiven zu werten. Doch mit dem Gesetz der großen Zahl werden Bedingungen eintreten, die das Als-ob zerstören. Der kategorische Imperativ, der vom Einzelnen ausgeht, vom moralischen Subjekt, wird durch die pure Notwendigkeit des Überlebens der Menschheit umkehrbar werden. Das Primat der Freiheit wird durch das Primat der Gerechtigkeit ersetzt und Gesetze notwendig werden, die wir heute noch als Eingriff ins Private ablehnen. Sie werden objektiv nötig sein. Die Welt wird sozialistischer werden, die freie Marktwirtschaft wird durch die schiere Not ein Ende nehmen, kommunistische Ideen werden zurückkehren. Zwar wird gegen die drakonischen Notverordnungen das subjektive Gefühl mit seinen Werten ›gut‹ und ›böse‹ rebellieren. Vergeblich. Bald wird die einzige Freiheit, die noch möglich ist, die geistige Freiheit sein. Sie allein ist zu verteidigen. Denn auch sie ist in Gefahr. Gegen die Ratio erhebt sich die Irratio, hält doch die Vernunft sich selber nicht lange aus. Je rationaler und strenger das Zusammenleben der Menschen geordnet werden muß, diktiert von der Bevölkerungsexplosion, von Krankheiten, dem Hunger und der Umweltkatastrophe, desto gieriger wird der Mensch nach dem Subjektiven sein. Nach dem Glauben. Es gibt nichts Subjektiveres und neben der Liebe nichts Emotionelleres. Aber während die Liebe an eine Realität gebunden ist, an einen Menschen, nicht an die Menschheit, was ihr Glück, ihr Unglück, ihre Verzweiflung, ihren Wahnsinn und ihre Würde ausmacht, braucht der Glaube das Irrationale. Das durch keine Ratio zu Beweisende. Erträgt die Liebe die Unsicherheit, bringt sich der Gläubige in Sicherheit. Der Liebende spiegelt die menschliche Situation wider, der Glaubende rettet sich in eine unmenschliche, in jene der Wahrheit. Der Glaube allein versetzt Berge. Unter ihnen sind unzählige Millionen begraben. Völker, Kulturen. Dem Glauben wohnt eine immense Grausamkeit inne. Das gilt für Religionen und Ideologien, die ja auch Religionen sind. Der Glaube braucht keinen Beweis, diesen braucht das Wissen, doch schafft dem Wissen der Glaube keine absolute Sicherheit. »Mit den mächtigsten Beschleunigern ist es bisher gelungen, bis in den Bereich von 10^{-16} cm vorzustoßen, was 10^{-11} Sekunden nach dem Urknall entspreche. Im Prinzip verstehen wir also die Entwicklung des Universums nach den ersten 10 Picosekunden seiner Existenz. Leider ereignen sich besonders wichtige Ereignisse lange vor diesem Zeitpunkt. Über die Entstehung des Universums gibt es theoretisch gut fundierte Vorstellungen. Energie und Materie scheinen Rückstände einer frühen inflationären Expansion zu sein. Man kann sich vorstellen, wie sie zusammen mit Zeit und Raum aus dem Nichts entstehen konnten.« Diese Sätze sind weder zu glauben noch nicht zu glauben. Sie sind hypothetische Annahmen, wie das Universum entstanden sein könnte, abgeleitet von zwar hypothetischen aber logischen Annahmen, gefolgert aus ebenfalls hypothetischen aber logischen Annahmen, verbunden mit einer »langen Zeitspanne« von 10 Picosekunden, in der sich Vorgänge abspielten, die man noch nicht begreift. Von solchen Sätzen kann ich nur vermuten, daß sie möglich sind, muß aber einräumen, daß sie falsch sein können. Das Wissen über die Wirklichkeit geht nicht über das Vermuten hinaus, die Stationen, die ich weiß, werfen neue Fragen auf, damit neue Möglichkeiten zu irren. Wissen als Akt, als Wissenwollen, als Fragen, schließt das Wagnis mit ein, sich zu irren. Dagegen ist der Satz, Gott habe die Welt erschaffen, für den, der diesen Satz glaubt, unanfechtbar. Gott ist nicht zu beweisen, er ist nur zu glauben. Was nur geglaubt werden kann, liegt im rein Subjektiven, im Emotionalen. Galilei mußte widerrufen, ein Heiliger kann nicht widerrufen. Der Wissende weiß, daß er nur glaubt, der Glaubende glaubt zu wissen, das Paradoxon des Glaubens. Galilei wußte, daß er nur glaubte, die Erde drehe sich um die Sonne, aber konnte seinen Glauben nicht in ein Wissen verwandeln, weil er nicht wußte, daß die Planetenbahnen Ellipsen und nicht Kreise waren. Seine Gegner glaubten zu wissen, die Sonne drehe sich um die Erde, das Nichtwissen Galileis war ein Beweis, daß sie wußten. Der Glaubende ist autistisch. Da das Objekt seines Glaubens von seinem Glauben hervorgebracht wird und sich ohne den Glauben auflöst, wird das Subjekt undurchdringlich. Die Theologie weist insofern Ähnlichkeiten mit der Mathematik auf, als sie von einem Axiom ausgeht, von dem nämlich, daß es einen Gott gebe. Dieses Axiom ist jedoch nicht mit einem logischen Axiom zu vergleichen, mit einem Satz, der nicht bewiesen werden kann, aber auch nicht bewiesen zu werden braucht, da er unmittelbar als richtig einleuchtet und deshalb als ›Grundsatz‹ für andere Sätze dient. Daß es einen Gott gebe, ist ein Scheinaxiom, das zwar auch nicht bewiesen werden kann und auch nicht bewiesen zu werden braucht, das aber nicht unmittelbar als richtig einleuchtet. Daß es einen Gott gebe, kann nur geglaubt werden, was aber nur geglaubt werden kann, vermag nicht unmittelbar einzuleuchten, es muß daher bewiesen werden, um geglaubt werden zu können, das Paradox, das der Theologie zugrunde liegt. Darum geht sie mit ihren Axiomen so entsetzlich logisch vor. Ihr erstes Axiom, daß es einen Gott gebe, sagt nichts Bestimmtes aus, vor allem nichts darüber, was unter dem Begriff zu verstehen sei, den es gebe. Das Glaubensaxiom drückt nichts als ein Gefühl aus. Die meisten glauben nur an etwas Unbestimmtes, das sie Gott nennen. Sie glauben an ein Wort ohne Inhalt. Sie geben sich damit zufrieden, daß sie an ein Wort glauben, das sie vom Weiterdenken dispensiert, dächten sie weiter, kämen sie an eine Schwelle, an der sie an etwas Bestimmtes denken müßten und nicht können. Darum das ungläubige Erstaunen, erklärt jemand, er glaube nicht an Gott. Sie glauben lieber nicht, daß jemand nicht an Gott glaubt, als daß sie diesen Unglauben an das, was sie glauben, akzeptieren. Weil sie selber nicht wissen, woran sie eigentlich glauben, können sie sich nicht vorstellen, daß einer überhaupt nichts glaubt. Daß einer, der nichts glaubt, unter Glauben Vermuten versteht und nur vermutet, wenn er Gründe findet, etwas zu vermuten, die ja noch nicht Beweise der Existenz dessen sind, was die Gründe vermuten lassen, und nicht vermutet, wenn Gründe fehlen, etwas zu vermuten, zum Beispiel einen Gott, leuchtet denen, die an einen bestimmten Gott glauben, noch eher ein als jenen, die nur an etwas glauben, das sie aus Tradition und Gefühlsbedürfnis Gott nennen. Ihr Glaube ist nichts als eine Denkkapitulation. Daher auch ohne Kraft. Doch ein noch so vages Gefühl vermag eine Wärme jenen zu bereiten, die im Vakuum der Vernunft frieren. Anders, wenn aus dem Unbestimmten ein Bestimmtes, Konkretes wird. Entweder ein Wesen, das eifersüchtig darüber wacht, daß es geehrt wird, daß man seine Gebote hält, das sich rächt, das tötet, ausrottet, zermalmt in seinem unermeßlichen Zorn und wieder gütig sein kann, ein launischer wetterwendischer Gott: der Gott eines Volksstamms zuerst, im Streit mit anderen Göttern anderer Volksstämme, im Krieg mit seinem Volksstamm mit ihnen, dann ein Eingott, der sein Volk straft und mit den von ihm Gestraften der Gott der Verfolgten, Geschmähten wird, der sein Volk nach Auschwitz und zurück in die alte, einst eroberte und wieder verlorene Heimat führt, ein absurder Gott, ein groteskes Gebot nach dem andern erlassend, ein Gott, der das Diesseits gestaltet und nur dieses, ohne Sicherheit, daß er in diesem Diesseits auch Schutz gewähre, werden seine Gesetze gehalten, im Gegenteil, je mehr seine Gesetze gehalten werden, desto verächtlicher wird, wer sie hält, abgespalten von der Menschheit, verfangen in Wortspaltereien, so daß der, welcher an ihn glaubt, verachtet, gehaßt, geschmäht wird, aber dafür den Stolz und die Würde bekommt, das zu sein, was er ist, befähigt, das Leben in seiner perfiden Grausamkeit auszuhalten; oder aber ein dreieiniger, ausgetüftelter Gott, der die Menschen in die Freiheit läßt, tut, was ihr wollt, ein großzügiger Vater, der handkehrum wütend wird, wenn die Menschen tun, was sie wollen, versteht er doch die Freiheit der Menschen darin, daß sie freiwillig tun, was er will, unendlich mächtig, unendlich gütig, unendlich gerecht, unendlich wissend, unendlich barmherzig, unendlich widersprüchlich, beschließt er eine Radikalkur, läßt es regnen, ersäuft mal, dann ein Friede mit dem traurigen Rest, jemand muß ihn schließlich loben, doch die Menschheit bleibt versaut, eigentlich ab in die Hölle mit dem Pack. Leider ist er unendlich barmherzig, wird selber ein Mensch, aber auch als Mensch Gott, verwandelt Wasser in Wein, fünf Brote und sieben Fische in Speise für fünftausend, heilt Aussätzige, läßt Tote wieder leben, nur wenige halten eine solche menschliche Vollkommenheit aus, wer von ihnen ist schließlich Gott, er wird ans Kreuz geschlagen, zum ersten Mal fühlt er, was es heißt, ein Mensch zu sein, mein Gott, mein Gott, warum hast du mich verlassen, dann die Auferstehung, Himmelfahrt, er strählt sich wieder als Ganzgott den dreieinigen Bart, das Gesindel muß doch bestraft werden, sicher, vom alten Sündenfall muß es erlöst werden, das hat er versprochen als Erlöser, von nun an können die Menschen wieder tun, was sie wollen, das ist ihre Freiheit, so sind sie von ihm erschaffen worden, aber wenn sie [sich] nun wieder freiwillig weigern zu tun, was er will, weil er sie ja erlöst hat, sind sie wiederum nicht erlöst und werden im Jüngsten Gericht von seiner zornigen Rechten bäuchlings, ärschlings, kopfüber in die Hölle geschmettert: die ganze Erlösung ein einziger Scheinprozeß, weiß er doch ohnehin, weil er allwissend ist, wer einmal gerettet wird – auch das nur durch eine unbegreifliche Laune, verdient hat's ja keiner – und wer einmal hinabsaust. So bleibt denn dieser Gott für die, welche an ihn glauben, ein Vater, den sie lieben, weil sie vor ihm vor Furcht zittern, weil er sie, auch wenn sie ihn lieben, verdammen kann oder schon verdammt hat, ein Tornado von einem Gott, der uralte Mysterienkulte zu sich hinaufsaugt, die alten Muttergottheiten Demeter, Artemis, Isis, die Heroen und Halbgötter, dann wieder den Scheol und den Hades und den persischen Ahriman zu einer Hölle zusammenbraut und aufkocht, den Himmel mit undurchdringlichen Staubwolken von Glaubensaxiomen verfinsternd, aus denen Tonnen von logischen Urteilen und Sätzen, Schlüssen und Beweisen niederprasseln, ein Gott der Spitzfindigkeiten, wieviel Engel gehen auf eine Nadelspitze, der Gott der Theologen, ein literarischer Gott, schriftstellerisch weiß Gott nicht unbegabt, das Alte und Neue Testament läßt noch mehr Deutungen zu als Heidegger bei Hölderlin und Trakl findet, der verwaltete Gott der Kirchen, aber auch der Liebe Gott der Kinder, der alles sieht und traurig ist, wenn sie die Schule schwänzen, und den Kopf schüttelt, wenn sie onanieren, der Gott derer, die sich schuldig fühlen, die beten ›Vergib uns unsere Schulden‹, was freilich mancher auch betet, der an ganz andere Schulden denkt, der Gott derer, für die er nur am Kreuz existiert, dessen Balken sich ob seines Gewichts biegen, der Gott des Polen, der reiselustig und marienverliebt die Flugplätze abküßt, der Gott der Jesus People, der Gott Reagans, der Gott Pinochets, Maradonas, Max Schmelings, August Everdings, Franz Josef Straußens, Schmidts, Kohls, der beiden Weizsäckers, für alle der genannten, freilich je nach Land, Partei und Beruf variiert, gedämpft, gefiltert, gefahrlos, in Dienst genommen, als Pfand gebraucht, der Gott der Kreuzritter, das Morgenland zerstörend, der Konquistadoren, die Neue Welt ausplündernd, menschliche Raubtiere beide, der Gott der Gefolterten und der Folterknechte, der Geplünderten und der Plünderer, der Opfer und der Mörder, der aidskranken Priester und der schwangeren Nonnen, der Gott der Verhungernden, die hoffen, er verwandle doch einmal Steine in Brot, der Gott der Wiedertäufer, der Mormonen, der Bibelforscher, der Gott Claudels, Bernanos', Dostojewskijs, Tolstois, der Gott der praktischen Vernunft Kants, der Gott Hegels, der Gott einer intellektuellen oder ästhetischen Elite und der Hausgebrauchs- und Brauchtumsgott von Unzähligen. Neben diesem schwach gewordenen Christengott, an den jeder nach seiner Fasson glaubt, erhebt sich der monolithische Gott des Islam mit seinen einfachen Regeln, ein Gott nicht der Erlösung, sondern der Verheißung, unkompliziert und großartig, ein Feldweibel von einem Gott mit eindeutigen Befehlen, tu das und lasse jenes und dann marsch ins Paradies, Jahve ist Jahve und Mohammed ist sein Prophet. Doch wer von allen wirklich glaubt, was er sagt, daß er es glaubt, welcher Rabbi, welcher Papst, welcher Heilige und welcher Unheilige, welcher Ajatollah, und sei es Khomeini selber, ist nicht auszumachen. In der Omarmoschee über dem Fels Morija, wo

Abraham Isaak schlachten wollte, sah ich einen Beduinen, kniend in einer seltsamen Haltung, vielleicht kam es mir nur so vor, denn in der Erinnerung sehe ich ihn wie auf dem Grund eines Schachtes, unbeweglich, erstarrt im Glauben; und in der Grabeskirche, in sich versunken, umgellt vom Geleier die Messe zelebrierender Katholiken und umbrandet vom Unservatergemurmel der Protestanten, in das die Gesänge der Orthodoxen hineinorgelten, einen kleinen, schmächtigen, uralten Japaner, dem ich glaubte, daß er glaubte. Aber schon bin ich in die Falle des Glaubens geraten, des rein subjektiven Gefühls. Was weiß ich über den Muslim und über den kleinen japanischen Greis? Sie sind eingeschlossen in ihren Glauben, er umgibt sie wie ein Panzer, sondert sie ab. Doch kaum habe ich mein Unbegreifen begriffen, begreife ich meine Vereinzelung, und indem ich die meine begreife, die eines jeden. Die Frage, was können wir wissen, kann objektiv beantwortet werden, es ist eine erkenntnistheoretische Frage, der Verstand geht auf apriorische Wurzeln zurück, die allen gemeinsam sind, die Frage, was vermögen wir zu glauben, liegt nicht im Glaubensinhalt, liegt auch nicht darin, was vernünftig wäre zu glauben, es ist das Vermögen oder Unvermögen eines jeden Einzelnen. Jeder vermag nur zu glauben, was er nicht beweisen kann, sein Glaube ist der Beweis, daß das, woran er glaubt, für ihn Wahrheit ist, und wenn ihm bewiesen würde, daß es nicht die Wahrheit ist, würde er erst recht daran glauben, credo quia absurdum. Doch was nicht beweisbar ist, ist auch nicht wißbar, sondern nur glaubbar, und weil das Nicht-Wißbare wächst, je mehr gewußt wird, und weil das Wißbare immer nebensächlicher wird für den, der wissen möchte, was nicht gewußt, sondern nur geglaubt werden kann, seinen Sinn, wird der Einzelne in den Abgrund des Glaubens gestürzt. Der Einzelne möchte seinen Sinn wissen. Die Frage nach dem Sinn ist das Resultat der Evolution. Der Urmensch fragte weder nach dem Grunde noch nach dem Zweck. Er fragte wozu und wie. Wozu war etwas brauchbar, und wie konnte man ein Tier jagen oder ihm entkommen? Erst später stellten sich die Fragen nach dem Grund und nach dem Zweck ein, es sind nachträgliche und daher kulturelle Fragen, sie setzen die Lösungen von vielen Wozus und Wies voraus, und weil das Kulturelle kultisch war, fielen Grund und Zweck zusammen, beiden haftete von jeher etwas Gemeinsames und Unlösbares an. Ihre Übertragung ins Soziale und Theologische war prädestiniert. Auch heute noch. Der Politiker braucht Gründe entweder für den Zweck, der seine Mittel, oder für die Mittel, die seinen Zweck heiligen. Für diesen ist der Zweck, für jenen das Mittel die Macht, diese sind die Biedermänner, jene die Visionäre, bei den einen schlittert man ins Schlamassel, bei den andern läuft man Gefahr, Opfer ihrer Experimente zu werden. Die katholische Kirche vereinigt beide Methoden, bei ihr sind die Mittel und der Zweck heilig. Bei ihr schlägt die Teleologie in die Theologie um. Darum ist sie das Ideal jeder Macht. Keiner kommt ohne Metaphysik aus, sogar Gorbatschow fordert den neuen Menschen. Es gibt nichts Metaphysischeres, auch Khomeini fordert ihn. Liegt der Zweck im Metaphysischen, wird er zum Sinn, ein Wort mit genügender Ungenauigkeit, um, meint man, er fehle, Ehekrisen auszulösen, patriotisch zu werden oder an irgend etwas zu glauben, was für Gott gehalten wird. Vom Wissen her ist die Frage nach dem Sinn unbeantwortbar: Ist es erst einmal deutlich, nach was eigentlich gefragt wird, nämlich nach irgendeiner

Bedeutung, die ihm anhafte, müßte der Einzelne offenbar nicht sich selber sein, um sie beantworten zu können, seinen Sinn vermag er nur zu glauben, es sei denn, er sei jener Maler, von dem die Sage geht, er habe bei einem Bankett an sein Glas geklopft und verkündet, ob es der Gesellschaft klar sei, daß ein Genie unter ihr weile: er selber. Die Frage nach seinem Zweck kann der Einzelne beantworten. Er kann darin liegen, Macht auszuüben, ein Vermögen anzuhäufen, zu malen, Bücher zu schreiben usw. Hinter jedem Dazu steht ein neues Wozu. Die Frage nach dem Zweck schlägt in die Frage nach dem Sinn um. Der Zweck des Tieres ist es, dem Menschen Nahrung zu sein, der Zweck der Nahrung, den Menschen am Leben zu erhalten, der Zweck des Lebens des Menschen – und schon werden die Antworten problematischer. Bei dieser Frage vermag noch die Biologie weiterzuhelfen, das Leben mündet in die Evolution ein, in die Entwicklung immer neuer Lebensformen, auch die nächste Frage ist gerade noch möglich, daß die Evolution in die Entwicklung des Bewußtseins und damit zur Erkenntnis der Welt führe, sei ihr Zweck, aber dann müssen wir nach dem Sinn dieser Erkenntnis fragen und schweigen. Die Frage nach dem Sinn ist die Wurzel des Glaubens. Immer wieder wagt der Einzelne den Versuch, aus dem Kerker seiner selbst auszubrechen, um in andere Kerker einzudringen. Glaube, Liebe, Hoffnung: der Glaube, es sei nicht möglich, den Kerker seiner selbst zu verlassen, die Liebe, es sei möglich, in den Kerker eines anderen Selbst einzubrechen, die Hoffnung, darin liege ein Sinn. So bricht denn der Einzelne seine Zelle auf und findet sich in der nächsten Zelle, bricht weitere auf, rennt durch Korridore, klettert über Mauern, stürzt Falltüren hinunter, neue Zellen, neue Gitter, neue Mauern, von weitem hört er andere rufen, er läuft und klettert weiter, bis er erkennt, daß er immer noch in seinem eigenen Gefängnis herumirrt und die anderen Rufe aus anderen Gefängnissen kommen, wo andere herumirren. Die Position des Einzelnen führt zur Verzweiflung, zur Rebellion oder zur Akzeptation. Zur Verzweiflung, wenn er, eingeschlossen im Gefängnis seiner selbst, keinen Sinn sieht; Rebell, wenn er nie aufhört, gegen die Sinnlosigkeit seiner Gefangenschaft zu protestieren, obgleich es keine Instanz gibt, so daß er einer doppelten Sinnlosigkeit verfällt; zur Akzeptation, indem er entweder gerade in seiner Vereinzelung, in der Eingeschlossenheit in sich selber den Sinn sieht, in der Paradoxie der Existenz, deren Sinn deren Sinnlosigkeit ist, weil das Sein an sich keinen Sinn braucht, oder indem er die Frage nach dem Sinn seiner Gefangenschaft in sich selber sein läßt. Eine rationale Frage, auf die keine rationale Antwort möglich ist, ist eine sinnlose Frage. Es dauerte lange, bis ich das begriff. Seitdem bin ich Atheist. Ich weigere mich, auf Fragen Antworten zu geben, die dermaßen nebulos sind, wie die nach Gott oder nach dem Sinn des Lebens. Sieht der Einzelne das ein, ist er im Freien. Auf die irrationale Frage nach dem Sinn gibt es nur irrationale Antworten. Irrationale Antworten sind unüberprüfbar, wie etwa die, der Sinn des Gefangenen sei der Gefängnisdirektor. Der Gefangene ist gefangen, weil es ein Gefängnis gibt, und ein Gefängnis gibt es, weil es einen Gefängnisdirektor gibt. Ohne Gefängnis kann es keinen Gefängnisdirektor geben. Weil jeder Einzelne gefangen ist, gibt es keinen freien Einzelnen, sondern nur Gefangene, denn gäbe es einen freien Einzelnen, gäbe es auch keine Gefangenen. Indem es nur einen Gefängnisdirektor gibt, gibt es nur eine Gefängnisordnung, und weil es nur eine Gefängnisordnung gibt, sind alle Gefängnisse identisch, und weil alle Gefängnisse identisch sind, gibt es nur ein Gefängnis, und weil es nur ein Gefängnis gibt, gibt es nur einen Gefängnisdirektor. Der Glaube schmuggelt mit Zirkelschlüssen die Logik in den Glauben. Indem sie an einen Gefängnisdirektor glaubt, glaubt sie an eine Gefängnisordnung. Im Ethischen ist der Glaube der Vernunft gegenüber im Vorteil, kann doch eine derart konzipierte Wertwelt nur durch eine Instanz eingesetzt werden, deren Kompetenz geglaubt, als notwendig erachtet oder bezweifelt werden kann: durch einen Gefängnisdirektor eben. Gleichgültig wer und was er ist, Jahwe, Allah, Lieber Gott, Karl Marx, das juristische Gerüst einer Gesellschaftsordnung oder ein ehernes Prinzip irgendeiner Doktrin, ja jenes der kommenden Notwendigkeit, wir sind umstellt von Gefängniswärtern, die vorgeben, an den Gefängnisdirektor zu glauben, in dessen Namen sie von Gefängniswärtern eingesetzt worden sind, die wiederum im Namen des Gefängnisdirektors, an den sie zu glauben vorgeben, eingesetzt worden sind, usw. Auch wenn all diese Gefängnisdirektoren nur im Glauben der Gefängniswärter existieren, unbeweisbar und damit unwiderlegbar in deren Köpfe eingeglüht oder nur bezeugt aus Angst, die Stellung zu verlieren, die Menschen, fähig zu Fiktionen, sind selten fähig, ihre Fiktionen als Fiktionen zu erkennen. Vielleicht liegt der Zweck des Menschen in seiner Fähigkeit zur Fiktion, damit in ihm selber, in seiner Vorstellungskraft, seiner Phantasie, denn ohne die könnte er keine Fiktionen aufstellen. Ich hüte mich, nach dem Sinn dieses Zwecks zu fragen. Der Mensch kann seine Vorstellungskraft mit seinem Verstand und seiner Beobachtungsgabe verbinden, dann nähern sich seine Fiktionen der Wirklichkeit, verbindet sich seine Vorstellungskraft allein mit dem Verstand, hält er allzuleicht das Resultat für die Wahrheit. Die Verführung ist groß. Die Wahrheit in sich wird mit der Wahrheit an sich verwechselt. Wahr in sich ist die Mathematik, wahr an sich wäre die Wirklichkeit, für den Weg zu ihr wurde die Metaphysik gehalten, auch diese müßte dann wahr an sich sein, und die so gefundene Wahrheit wäre wiederum ein Gefängniswärter, der schrecklichste. Nur wer nicht glaubt, wer die Fiktionen für Fiktionen hält, ist frei, wenn auch umstellt von Gefängniswärtern. Aber im Gegensatz zu ihnen, die glauben, daß sie wissen, weiß er, daß er nichts weiß, sondern nur vermutet. Das Wissen ist absolut, es zielt aufs Totale, so ist es, das Vermuten aufs Mögliche, so könnte es sein. So bleibt ihm nichts anderes übrig, als den Gefängniswärtern zu gehorchen. Aber er wird ihnen gehorchen, wie Rebellen gehorchen, denn auch Gehorsam kann eine Waffe sein: Die List des Sokrates. Er zwang durch seinen Gehorsam, indem er nicht floh, die Athener, an ihm ihr Urteil zu vollstrecken. Sokrates nahm die Demokratie beim Wort, wird unsere Demokratie beim Wort genommen, geht es ihr auch nicht besser. Wer glaubt zu wissen wird unmenschlich. Auch wir sind unmenschlich, auch wir sind eine Demokratie von Gefängniswärtern. Und was Jesus von Nazareth betrifft, so kann ich ihn mir nur als Menschen vorstellen, ein Gott am Kreuz kommt mir wie Bruno Ganz in Salzburg als Prometheus an einen Pappfelsen gefesselt vor, Handke-Verse sprechend, eine schauspielerische Leistung bestenfalls, aber dieser Mensch Jesus am Kreuz nannte Gott Vater und nannte uns und sich dessen Kinder. ›Unser Vater‹ sollen wir beten. Die List Jesu. Väter zeugen ihresgleichen, Gott Götter, nicht Menschen, und weil wir Menschen sind, ist

Gott auch nur ein Mensch. Fällt die Dreieinigkeit zusammen, bleibt nur der Mensch am Kreuz übrig, vom Menschen gekreuzigt. Der gekreuzigte Mensch zwingt den Menschen, sich als den kreuzigenden Menschen zu sehen, und im Namen welcher Religion wurde mehr gekreuzigt als in jener, die im Namen des Gekreuzigten kreuzigte? Doch nicht nur ethische und politische Werturteile müssen geglaubt werden, auch ästhetische: Gibt es doch auch in der Ästhetik Glaubensstifter und Glaubenskriege. Damit komme ich – wenn auch auf abenteuerlichen Umwegen – zum Ausgangspunkt zurück, zur Frage, wodurch der Rezensent legitimiert sei zu rezensieren? Die Antwort ist überflüssig, ein Appendix, ein Nachwort höchstens. Allzu leichtsinnig setzen wir Konrad Duden ein, die Auseinandersetzungen mit jenen Kritikern, bei denen es zutrifft, wären eine Groteske. Mit um so größerem Recht dürfen wir jetzt feststellen: Kritiker, die diesen Namen verdienen, sind durch nichts legitimiert. Sie sind selbsternannte Richter. Doch die Frage geben sie, die mich kritisieren, an mich weiter: Durch was ist mein Schreiben legitimiert? Die Antwort kann nicht anders lauten als jene auf die Frage nach der Legitimation der Kritik: durch nichts. Kritiker und Schriftsteller sind miteinander im Reich der Freiheit konfrontiert, operierend mit Grundsätzen, die nur geglaubt werden können. Ein Kunstwerk ist jenseits gültiger Urteile. Mit genügendem Scharfsinn kann bewiesen werden, *Hamlet* sei ein Machwerk. Die Kunst ist eine menschliche Tätigkeit. Evolutionär aus dem Spieltrieb dem Menschen zugewachsen, den er mit den Primaten teilt und nicht nur mit ihnen. Der Mensch wurde ebenso notwendigerweise Künstler, wie er Jäger und Sammler wurde. Der Spieltrieb half ihm über die Langeweile hinweg, sammelte und jagte er nicht, und lenkte ihn von der Angst ab, bevor er jagte und sammelte, bedrohte doch die Umwelt ihn, bevor er die Umwelt bedrohte. Indem er das Objekt seiner Angst darstellte, bannte er es. Durch ein Abbild, durch Tanz, durch ein Spottlied, das Versmaß diente als Gedächtnisstütze. Erst viel später kam die Schrift. Ihrem Wesen nach ist die Kunst nur mit der Mathematik zu vergleichen. Mit dieser hat es der Mensch verstanden, sich »ein abstraktes begriffliches Instrumentarium zu verschaffen, das zwar letztlich aus den Elementen unseres angeborenen Verstandes kombiniert ist, diesen Verstand aber ebenso erweitert, wie die Geräte und Instrumente der Naturwissenschaften unsere Sinnesorgane verlängern«*. Erfaßte er mit diesem Instrumentarium die quantitative reale objektive vermutbare Seite seiner Wirklichkeit, stellt die Kunst ein Instrumentarium dar, die qualitative, irreale, subjektive, nur glaubbare Seite seiner Wirklichkeit darzustellen. Die metaphysische Methode, die noch möglich ist. Die irrationale Welt der Gefühle ist mächtiger als die rationale Welt des Verstandes, im Kampf gegen die Irratio ist die Ratio noch stets unterlegen, in jener, nicht in dieser liegen die Triebfedern des Menschen. Wie Prometheus Menschen aus Lehm formte, formt der Mensch nun aus dem Irrationalen und Unwißbaren Gestalten. Im Gegensatz zur Wissenschaft sind es keine Formeln, sondern Gleichnisse seiner Wirklichkeit, mehrdeutig, je nach den Ufern, wohin sie der Fluß der Zeit hin- und wegschwemmt. Prometheus verfolgte mit seinen Geschöpfen einen Zweck: sich an den Göttern zu rächen,

* Heinrich H. Keller, »Über die Rolle der Mathematik in der menschlichen Erkenntnis« in ›Neue Zürcher Zeitung‹, 6. 1. 1988

indem er im Menschen Gegengötter schuf, der Mensch desgleichen: Er schuf mit seinen Kunstgeschöpfen Waffen gegen seine Sterblichkeit, die Gestalten seiner Phantasie, die Götter, den rasenden Achill, den sich blendenden Ödipus, Odysseus, den Bogen spannend, Gulliver bei den Zwergen und bei den Riesen, Lear im Toben der Elemente, Woyzeck, den Figuren der Schwämme nachdenkend. Der Mensch dokumentierte sich selber. Die Kunst und die Religion waren ursprünglich identisch, der Gott und sein Standbild eins. Dann, indem sich der Mensch der Versuchung hingab, die Religion durch die Ratio in den Griff zu kriegen und sich ein ebenso bewundernswertes wie scharfsinniges Luftschloß des Jenseits errichtete, die Furcht vor dem Tode noch durch die Furcht nach dem Tode verdoppelnd, spaltete sich die Kunst von der Religion, jene illustrierte diese, um freilich in den Ikonen und heiligen Bildern immer wieder mit der Religion zusammenzufallen. Doch als das metaphysische Luftschloß ins Unglaubhafte entschwebte, suchte die Kritik der Kunst einen neuen Zweck einzureden: sei es den, das Menschengeschlecht zu erziehen, sei es den, die Welt zu verändern. Aber nicht die Kunst veränderte die Welt, die Welt veränderte die Kunst. Die Frage nach ihrem Zweck trat in den Hintergrund, die Kunstbetrachtung nahm den Weg von der Teleologie zur Theologie. Sie begann nach dem Sinn der Kunst zu fragen, nach ihrem Tiefsinn sogar, und machte damit, in die Welt der Kritik transponiert als ihr Objekt, die Kunst sinnlos. Die Kunstkritik braucht strenggenommen die Kunst nicht, ebensowenig wie die Astrologie die Astronomie, die besten je geschriebenen Kritiken sind von Jorge Luis Borges über Bücher, die nie geschrieben wurden, und von Karl Barth über Bücher, die einem Autor zugeschrieben wurden, den es nicht gibt. Darin liegt wiederum für die Kunst eine Chance. Nichts fragen zu müssen ist ihr Vorrecht, unterscheidet sie von der Wissenschaft, die nie aufhören darf zu fragen, und von der Kritik, die's nicht lassen kann zu fragen. Die Kunst dringt furchtlos in die leergefegte Welt des Glaubens ein.

Dramaturgie der Vorstellungskraft

Der Kunst liegt die Vorstellungskraft zugrunde. Sie stellt dar, was sie sich vorstellt. Indem jedoch die Zeit und der Raum die apriorischen Anschauungsformen sind, in denen etwas vorgestellt wird, hätte sich eine »Dramaturgie der Vorstellungskraft« zuerst mit der Frage zu beschäftigen, wie sich die Vorstellungskraft in Zeit und Raum zur Darstellung bringe. Die Musik insbesondere ist reine Zeit, sie ist die »Vorstellung« der Zeit, sie hat unmittelbar keinen anderen Inhalt. Die Zeit hat nur die Richtung von der Zukunft zur Vergangenheit, die Gegenwart ist die Passage eines dimensionslosen Punktes. Die Musik stellt die Zeit dar, nicht wie sie unsere unmittelbare Sinnlichkeit darstellt in ihrer apriorischen Form, sondern wie sie sich unserem Bewußtsein darbietet: bald verzögert, bald stillstehend, bald beschleunigt, dann als Vergangenheit, als Gegenwart, als Zukunft und als Ereignis. Nun bin ich durchaus kein Musiker. Es ist hier nicht meine Absicht, eine Dramaturgie der Musik aufzustellen, sondern lediglich Vermutungen über eine mögliche Dramaturgie der musikalischen Komposition zu äußern. Bei einem lebhaften Satz scheint mir die Zeit schneller zu vergehen als bei einem langsamen, bei einer Pause scheint mir die Zeit stillzustehen. Die Frage ist nur, wie eine Komposition etwas mit der Vergangenheit zu tun haben kann, scheint sie doch, wird sie interpretiert, nichts anderes als intensive Gegenwart zu sein: Sie stellt die Vergangenheit vermittels der Erinnerung dar und die Erinnerung vermittels der Erwartung, die dann eintritt. Wir hören das Motiv, indem es uns bewußt wird, ist es schon Vergangenheit, indem es Erinnerung ist; die Erinnerung erweckt in uns die Erwartung, es wieder zu hören, die Erwartung läßt uns gleichsam die Zukunft spüren, unsere Phantasie nimmt sie voraus; dann etwas Unerwartetes, wir spüren, daß sich etwas vorbereitet, das unseren Erwartungen widerspricht, plötzlich ist ein neues Motiv da, es bricht in die Gegenwart ein wie ein Ereignis, wir sind verblüfft, nun wird es Erinnerung, hinter der die alte Erinnerung lauert, aufs neue erscheint das zweite Motiv, variiert sich immer wieder, plötzlich wird die erste Erinnerung Wirklichkeit, fast hatten wir sie vergessen, nun ist sie plötzlich wieder da, wirklicher als die Erinnerung: Eine Komposition lebt von der Dialektik zwischen Erinnerung und Erwartung, zwischen Vergangenheit und Zukunft, zwischen Zeitbeginn und Zeitende, eine Komposition ist ein Stück Geschichte, und als solche kann sie lyrisch, episch, dramatisch sein. Nun will ich nicht behaupten, darin wäre die Dramaturgie der Musik erschöpfend dargestellt, die sogenannte klassische Musik mag sich mehr in der Dialektik zwischen Erinnerung und Erwartung bewegen, die neuere mehr in jener zwischen Dauer und Ereignis: Das Dauernde ist die Stimmung, entsprechend zum Beispiel der Morgen- und Abenddämmerung, diese verdunkelt, jene hellt sich allmählich auf usw. Ereignis: das Hereinbrechen des Unvorhergesehenen, eine Musik, die ständig überrascht, der ständig etwas Neues einfällt, in die ständig etwas einfällt, die Musik des Zufalls usw.

Dramaturgie der Plastik: Im rein Vorstellbaren bewegt sich nicht nur die Musik als Vorstellung der Zeit in der Zeit, sondern auch die Plastik, die mit dem dreidimensionalen Körper innerhalb des Raumes arbeitet, ihre Vorstellungskraft ist räumlich, insofern daß die Körperwelt den Raum benötigt. Doch wie die Musik im Grunde reine Gegenwart ist und Vergangenheit und Zukunft nur vortäuscht, so täuscht die Plastik die Bewegung vor, es stellen sich ihr die gleichen Probleme wie der Musik. In ihr ruht die Zeit als potentielle Bewegung, die Statue des Bacchus von Michelangelo etwa (wenn ich das alte Buch von Herman Grimm aus der Bibliothek meines Vaters wieder hervornehme) scheint sich mühsam erhoben zu haben, ein Gast ist gekommen, ein Gott oder ein Halbgott oder vielleicht auch nur ein Mensch, wer ist ihm gleichgültig, der Falerner ist vortrefflich, die Schale gefüllt, und nun steht Bacchus wirklich wie eine Statue, er wagt in seiner göttlichen Trunkenheit weder zu gehen, noch steht er eigentlich, ein Schritt und er taumelt, nun, seine Mitzecher werden herbeistürzen und ihm beistehen, seine Gegenwart, sein Statuenhaftes ist seine Trunkenheit, die der Gegenwart etwas Schwebendes verleiht. Moses: Er ist eben vom Sinaigipfel heruntergestiegen, noch benommen von der Begegnung mit dem Ungeheuer, der Berg bebte und donnerte, er war in Rauch gehüllt, aus welchem die gewaltige Stimme drang, immer wieder war Moses hinaufgestiegen, zitternd, er kannte den schrecklichen Gott, der ihm im Feuerbusch erschienen war, der ihn mordgierig in der Herberge angefallen hatte, es war ein zorniger, wilder Gott, aber nun war Gott seinem Volk gnädig, nun hatte er sein Volk aus Ägypten geführt, nun hatte Gott vierzig Tage lang mit Moses auf dem Berge Sinai geredet und ihm die Gesetzestafel übergeben, Gott selber hatte die Worte hineingegraben; doch als Moses schon überzeugt gewesen war, der Friede zwischen Gott und seinem Volk sei geschlossen, hatte ihn Gott zurückgerufen, der Berg tanzte auf und nieder, dunkelrote Rauchwolken schnoben aus ihm, und Gottes Stimme war ein zorniges Brüllen, die Juden hätten ein goldenes Kalb zu ihrem Gott gemacht, und nun wolle er sie vertilgen, Moses war niedergefallen, hatte die heiligen Tafeln Gott wie einen Schild gegen dessen schrecklichen Zorn entgegengehalten, hatte gefleht, Gott solle sich seines halsstarrigen Volkes erbarmen, und er hatte mit Gott um dessen Verzeihung gerungen, bis Gott das Übel reute, das er seinem Volk angedroht hatte; und nun sitzt Moses ermattet am Fuße des Sinai, den nur noch hin und wieder ein leises, fast unmerkliches Zittern durchläuft, er stützt sich ermüdet mit der Rechten auf eine Gesetzestafel, da hört er von irgendwo Singen, Klatschen, Füßestampfen, er wendet sein Haupt, er erblickt sein Volk um das primitive goldene Götzenbild tanzen[d], noch ist er ruhig, noch schaut er nur, nur seine Linke verkrallt sich in seinem mächtigen Bart, noch ist er Statue, noch nur Blick, der noch nicht begriffen hat, im nächsten Augenblick wird ihn der Zorn befallen, sein Zorn, ein Abbild des Zorn Gottes, den er doch eben besänftigt hat, er wird aufspringen, in seiner unermeßlichen Wut, die Gottestafeln zerschmettern, er wird jene, die Gott treu geblieben sind, den Stamm Levi, um sich versammeln und ihnen befehlen, ins Lager zu brechen, damit ein jeglicher von ihnen seinen Bruder, seinen Freund, seinen Nächsten erwürge, und dreitausend Mann werden getötet werden: Dieser Augenblick, der noch ganz im Auge Moses' liegt, der ihn als Statue möglich macht, dieser Bruchteil einer

Sekunde – oder vielleicht diese ganze Dauer endloser Sekunden, ja Minuten, wo Moses einfach hinsieht nach dem monströsen Götzenbild und dem tanzenden Volke – wer weiß die Dauer dieses Augenblicks –, bemerkte ich damals, 1966, nicht, als ich die Statue in Rom sah, sie schien mir merkwürdig »klein«, auch störte mich die Kirche, die sie gefangenhielt. Überhaupt gefielen mir in Rom eigentlich nur die Gemächer der Borgia und die Sixtinische Kapelle; das ›Jüngste Gericht‹, das mich schon in meiner Jugend beschäftigt hatte und das ich nur in den kleinen Abbildungen des Michelangelo von Herman Grimm kannte, beeindruckte mich, eingeklemmt in der Menge, die es betrachtete, daß der gewaltige Christus, aufgesprungen vor Zorn und mit der Rechten die Verdammten in die Hölle schleudernd, eigentlich die Fortsetzung des Hasses ist, die Vollendung des göttlichen Zorns, der letzte endgültige Wutanfall, die Trennung der Schafe von den Böcken; war so der Eindruck des wütenden Christus groß gewesen, der Eindruck des »noch nicht wütenden Moses« war blaß, vielleicht auch deshalb, weil ich drei Wochen vorher Michelangelos David gesehen hatte und dazwischen Paestum, was weder dem David noch dem Moses in der Erinnerung guttat. Wir waren in einer regnerischen Septembernacht nach Florenz gekommen, es schüttete und goß auf der Autostraße. Schon in Neuchâtel, als wir losfuhren, war das Wetter unfreundlich gewesen, Mailand durchquerten wir in Sturzbächen, nach Bologna fuhren wir durch endlose Tunnels voll Wasser und Dunkelheit. Am nächsten Morgen regnete es noch immer, wir wechselten das Hotel, und ich lief durch die bachnasse Stadt, ziellos eigentlich, bis ich unvermutet vor der Kopie des David stand, vor einem riesenhaften Cassius Clay, die Statue kam mir vor, als sei sie von Arno Breker oder von einem Thorak, sie stand da mit anderen Statuen, in einem grotesken, von Regen triefenden Statuenwald, an sich ein Koloß, 5,5 m hoch, beinahe doppelt so groß wie Goliath, der nach den Angaben der Bibel 6 Ellen und eine Spanne hoch war, 2,90 m. Erst ab Venedig begann ich die Motivation der Plastik zu begreifen, und erst mit der Erinnerung an diese Stadt wird mir deutlich, daß die Plastik als Werk der Vorstellungskraft eine Dramaturgie besitzt, einen Grund, der sie möglich macht. Wir waren vom Tessin aus nach Venedig gekommen. Ich war gespannt auf die Stadt. Ich fürchtete, enttäuscht zu werden. Die Stadt war ein Gegenstand meiner Phantasie. Das Gefühl, sich auf etwas Versinkendem und Versunkenem zu befinden, fühlte ich nie in der Weise wie in Venedig, die Gegenwart wirkte gespenstisch, unwirklich, als sei man gerade noch vor dem Versinken gekommen: Doch so sehr mich die Stadt neugierig gemacht hatte, so sehr sie mich faszinierte, am neugierigsten war ich auf die griechischen archaischen Löwen, von denen ich gelesen hatte, ich machte mich schon am nächsten Morgen auf den Weg zu ihnen, sie waren nicht leicht zu finden, kannte ich doch Venedig nicht, doch als ich sie endlich fand, hatte ich die Plastik gefunden, begreife ich auch, indem ich zurückblicke, den David und den Moses. Dieser wird zur Statue, indem er erkennt, was sein Volk treibt, jener, indem er den Feind beobachtet und überlegt, wo er mit der Schleuder zu treffen ist. Doch im Gegensatz zu diesen, die durch den Augenblick, durch die Gegenwart, die sie verkörpern, Plastik werden, allein deshalb, weil sie als Menschen in der Zeit und damit in der Geschichte stehen, sind die Löwen vor dem Arsenal Venedigs, vor jener Anlage, in der Venedigs Schiffe gebaut und überholt wurden, außerhalb der Zeit insofern, als die Löwen als Erscheinung des Tierischen, Nicht-Menschlichen, Gefährlichen außerhalb der Geschichtlichkeit stehen. Der Löwe zur Linken des Portals stand an der Straße von Athen nach Eleusis, dem Mysterienheiligtum der Demeter, er liegt, an einem ruhenden Löwen geht man scheu vorbei, er bereitet die Scheu vor dem Mysterium vor, der Löwe zur Rechten sitzt, und schon dieses Sitzen hat etwas Drohendes, einfach dadurch, daß der aufgerichtete Leib des Tieres sich in seiner ganzen Mächtigkeit zeigt, das Bedrohliche liegt darin, daß dieses Sichzeigen durch das bloße Sitzen genügt, den Feind, den Menschen, der sich naht, in Furcht zu versetzen. Nicht umsonst stand dieser Löwe in Piräus, im Hafen Athens.

In Venedig wurde mir noch etwas anderes deutlich. Was ich suchte, waren ›Der Sturz der Verdammten‹, ›Die Hölle‹, ›Das irdische Paradies‹ und ›Der Aufstieg in das himmlische Paradies‹ von Hieronymus Bosch. Ich suchte den ganzen Dogenpalast nach den vier Bildern ab, daß ich am ›Paradies‹ des Tintoretto vorbeikam, war nicht zu vermeiden. Endlich fand ich sie, alle 86,5 cm hoch und 39,5 cm breit, am meisten faszinierte mich der ›Aufstieg in das himmlische Paradies‹: Aus dem Weltall steigen die nackten Seelen, von bekleideten Engeln begleitet, in einen »Tunnel«, der sich gegen innen immer leuchtender im Raume öffnet, das Ende des kreisrunden Tunnels ist in der Nähe des linken Tunnelrandes ein wenig nach unten gedrückt, so daß, da der Tunnel sich oben im Bilde öffnet, sich eine seltsame Perspektive ergibt, als ob der Maler die Öffnung in einen Raum jenseits des Raumes hätte darstellen wollen, das himmlische Paradies als einen Überraum, der nach

Büchel nur in zehn Dimensionen mathematisch gedacht werden kann. Zur Vorstellungskraft gehört ein Grund, der sie hervorlockt, der Stoff, und ein Grund, der sie formt, die Form. Hieronymus Boschs ›Paradies‹ ließ in mir zum ersten Male den Verdacht hochkommen, ob die Vorstellungskraft in der Malerei nicht nach und nach aus dem Stoff in die Form, in die Ästhetik verdrängt worden sei. Boschs Phantasie konnte sich ungehindert am religiösen Material entzünden, das Religiöse ist bei ihm nicht Form, sondern Stoff, nicht Objekt, sondern Subjekt. Anders bei Michelangelo. Er ist dort groß, wo er seine Form motiviert, aus der Form einen Stoff macht: im David, Moses, bei den Sklaven, im Jüngsten Gericht, bei der Erschaffung Adams usw. Merkwürdig ist, daß er Christus nur als Weltrichter darzustellen vermag. Seine ›Pietà‹ ist etwas Absurdes, hieße das Ganze ›Andromache mit der Leiche Hektors‹, wäre es akzeptabel. Beim Isenheimer Altar dagegen fiel es mir erst beim letzten Besuch auf, und das so schlagartig, daß ich über mein so langes Nichtbemerken erschrak, daß der gekreuzigte, verendende und verendete Christus ein Riese ist, den man zu Tode marterte, während der Auferstehende wie ein gewaltiges Naturereignis wirkt, mehr, der Vorgang hat etwas Bedrohliches, man denkt unwillkürlich an die Explosion einer Atombombe, auch hier herrscht der erste Grund vor, hier ist das Religiöse der Stoff, nicht die Form. Der Gegensatz wird in Dürer deutlich, er ist groß, wo er vom Stoff herkommt und nicht von der Form, in seiner ›Melancholie‹ oder in seinen Holzschnitten zur Offenbarung. Am enttäuschendsten für mich war Raffael, seine ›Schule von Athen‹ oder seine ›Disputa‹ sind nur noch Form, stellen nur noch Formprobleme dar, während Raffael dort groß ist, wo er den Stoff findet: in der Realität. Er ist einer der größten Porträtisten. Nun wird man mir vorwerfen, ich gehe mit meinen Begriffen recht eigenwillig um. Wenn Raffael die ›Schule von Athen‹ male, so sei dies sein Stoff, und es sei unerfindlich, wieso ich in ihr nur ›Form‹ sehe, die Form beziehe sich auf die Komposition des Stoffes, auf die Gestaltung der Figuren usw. Ich gebe zu, daß ich den Definitionen längst nicht mehr jenen Wert beimesse, den ich ihnen einmal beimaß, ich sträube mich immer hartnäckiger, ein Wort zu einem Begriff zu degradieren, allzuleicht wird man zum Begriffsdogmatiker. »Stoff« sind für mich die unmittelbaren Objekte der Vorstellungskraft, das, was sie sich primär vorstellt, wenn sie sich etwas vorstellen muß, sie ist die unmittelbare Antwort des Menschen auf sein Erleben, damit auf seine Umwelt, auf seine Welt. Wir finden in der Malerei diese unmittelbaren »Stoffe« bei den Kindern, bei den Primitiven, bei den Geisteskranken, aber auch bei den großen Malern; sie sind die Visionen ihrer Welt, wenn hier auch die Frage nach ihren Stoffen kompliziert zu werden beginnt, ist sie doch bei ihnen mit der Frage verbunden, inwieweit sich in ihren Werken nicht nur ihre, sondern auch unsere Welt zu spiegeln vermag. Weil das so ist, schwankt auch der Wert, den wir den Bildern beilegen. Bosch und der Maler des Isenheimer Altars gehören gerade noch dem Mittelalter an, der »vorwissenschaftlichen Zeit«, einer Zeit, die sich von der Welt noch ein Bild zu machen vermochte; nun hatte in ihren Domen neben all dem Zarten und Zerbrechlichen (die Straßburger Statue der Synagoge) auch das Groteske und Teuflische seinen Platz, es sei nur an die Wasserspeier und Chimären erinnert. Daß uns heute die Dinge wieder mehr angehen, charakterisiert unsere Zeit: Den Himmel konnte der

Mensch nie verwirklichen, wohl aber die Hölle. So vermögen wir in den Höllendarstellungen Boschs unsere Welt wiederzuerkennen, im schrecklich zugerichteten Leib des Christus des Isenheimer Altars all die Krepierten unserer Kriege, obgleich die noch schrecklicher zugerichtet sind, während uns die pathetische Darstellung des Gekreuzigten Dürers nichts mehr sagt, das Lendentuch flattert zu schön. Die Kreuzigung ist zur Form geworden.

Platon sah die Kunst als Nachahmung. Mit dem Sein beschäftigt, sah er in der Kunst nur Schein, die Statuen des Zeus oder der Pallas Athene waren nicht Zeus oder Pallas Athene, sondern schienen sie nur zu sein. Zu den Göttern selbst nahm Platon eine mehrdeutige Stellung ein, ihre Darstellung durch Homer und Hesiod lehnte er ab, die Götter sind gut und gerecht und können auch nicht durch Opfergaben beeinflußt werden, dann wieder sind die Götter Gestirne, nie sind sie aber identisch mit den Ideen, diese sind abstrakt, Platon glaubte an die Ideen, nicht an die Götter, an die Götter hat das Volk zu glauben, nicht die Philosophen. Seine Auffassung der Kunst als Nachahmung ist ebenso verhängnisvoll wie unklar. Seine Definition begründet er ungeschickt am Stuhl, der als Idee nur einmalig, als Möbel mehrfach und in der Malerei nur als Nachahmung existiere. Die Frage stellt sich nach dem Vorbild des berühmten Kopfes des Zeus, der am Ende des 18. Jahrhunderts in Otricoli nördlich von Rom gefunden wurde. Es wird angenommen, er sei eine Kopie eines griechischen Zeus aus dem vierten vorchristlichen Jahrhundert. Aber ist auch dieses Vorbild eine Nachahmung? Vielleicht geht er auf den Zeus des Phidias in Olympia zurück. Doch wen ahmte Phidias nach? Der Begriff der

Nachahmung wird sinnlos. Ob es nun Phidias war oder nicht, der Bildhauer hatte eine Vision von Zeus, die er darstellte, denn es gibt keinen Zeus, der nachzuahmen wäre, es sei denn, es wäre Zeus selber. Kunst ist Darstellung, nicht Nachahmung. Die Griechen konnten sich die Götter trotz Xenophanes und Platon nur in Menschengestalt vorstellen, so entspricht der Zeuskopf von Otricoli einer der Vorstellungen, wie ihn ein griechischer Bildhauer im vierten Jahrhundert vor Christus gemacht hatte, aber er entspricht auch den Vorstellungen, welche die Christen von Gott übernahmen, er ist Zeus nachgestaltet: Das Christentum wurde als einzige der drei monotheistischen Religionen eine Bilderreligion, sie illustrierte ihren Glauben: ihr griechisches Erbe. Der Stoff ist gegeben, was bleibt, ist die Form.

War bei Bosch und beim Isenheimer Altar die Malerei ein Mittel der Vorstellungskraft, wurde – um es mit einem Schlagwort zu sagen – die Vorstellungskraft ein Mittel der Malerei, um so besser als die Vorstellungskraft den Stoff noch mittelbar geliefert bekam, vermittels der Religion und später der Bildung. Die Renaissance wurde immer mehr zur Bildungsmalerei, die Sixtinische Kapelle ist die letzte »mittelalterliche Weltschau«, sie stützt sich in ihren Deckengemälden auf das Alte Testament, auf das »Buch von der Göttlichen Gerechtigkeit«, wie es Nietzsche nennt und hinzufügt, in ihm gebe es Menschen, Dinge und Reden in einem so großen Stile, daß das griechische und indische Schrifttum ihm nichts zur Seite zu stellen haben. Man stehe mit Schrecken und Ehrfurcht vor diesen ungeheuren Überbleibseln dessen, was der Mensch einmal gewesen sei, die kolossale Wand hinten bedeckt das ›Jüngste

Gericht‹, stellt die Decke den Anfang der Geschichte, so die Wand die Vision des Endes dar. Von diesem malerischen Ereignis, vom Stoffe her, wendet sich die Renaissancemalerei und darauf der Barock der Form zu: Wie die Marienbilder, die Madonnen usw. schon längst nur noch Form waren, das heißt ein Motiv, das nur noch variiert wurde, so wurden nun die Göttinnen variiert und die Götter; das ganze hellenistische Bildungsgut strömte in die Malerei, der Vorgang war ähnlich wie in der Religion der Zusammenprall zwischen der hellenistischen und der jüdischen Religion, aus der das Christentum entstand. Die Dogmatik setzte nun auch in der Malerei ein, die Vorherrschaft der Form, das Primat des Mittelbaren vor jenem des Unmittelbaren. Aber es gilt hier die Meinung zu korrigieren, daß ich das, was die Vorstellungskraft formt, die Idee, geringer schätze als das, was sie entzündet, die Vision, Form und Stoff sind nur zusammen denkbar, Stoff als das unmittelbare Geschöpf der Vorstellungskraft, Form als ihr Werkzeug, das die Fähigkeit besitzt, sich immer mehr zu verfeinern, zu abstrahieren, Werkzeug von Werkzeug zu werden ad infinitum. Die Vorstellungskraft als Form sucht die Vorstellungskraft als Stoff und umgekehrt: Die Renaissancemaler wurden gleichsam von der Form auf den Stoff gehetzt, von den Göttern und Madonnen auf den Menschen. Was bei Michelangelo noch die Vorstellungskraft in ihrer Form als Stoff vermochte, in seinen Sibyllen und Propheten, das leistete nun Raffael in seinen Porträts von der Vorstellungskraft als Form, als Formwillen her: Sein Stoff, den er sich durch seine Form eroberte, wurde die Realität. Von hier an wäre der Roman der Malerei zu schreiben, von nun an schiebt sich zwischen die beiden Funktionen ein Drittes, die Realität, die nun gleichsam von beiden Seiten, von der Form und vom Stoffe her, zu durchbrechen ist. Raffael und Tizian oder auch Velázquez durchstoßen die Realität von der Form her, erobern sich die Realität, unterwerfen sie sich ihrer Form, sie sind den Menschen gegenüber, die sie malen, wie legale Herrscher. Goya, in seinen besten Porträts, benimmt sich wie ein Usurpator, während er in seinen dämonischen Gemälden und Radierungen vom Stoffe her die Realität durchbricht. Vom Stoffe her kommen auch Breughel und Rembrandt, beim letzteren ist eine nie mehr erreichte Beherrschung der Realität möglich geworden, er vermag sich in ihr vollkommen einzuprägen, noch; dann, 18 Jahre nach dessen Tode, gibt Newton seine *Mathematischen Grundlagen der Naturwissenschaft* heraus. Die Realität wird endgültig mit der Mathematik vermählt, die Realität wird zur Erscheinung, was mit der Religion geschehen war, ihre Auflösung in einen begrifflichen Glaubensinhalt, geschah nun noch radikaler mit der Natur: ihr Zurückführen auf ein mathematisch ausdrückbares Funktionieren. Auch die Malerei blieb von allem nicht verschont. Vom Menschen verlagerten sich ihre Stoffe in die Natur, die suchte sie nun zu bewältigen, immer mehr, indem sie diese entstofflichte, in Licht oder in Strukturen auflöste, die Kunst revoltiert nicht gegen die Realität, die Realität revoltiert [gegen] die Kunst; nicht nur indem jene immer gründlicher durchdacht wurde, mehr noch, das Hirn, dieses revolutionäre Organ des Menschen, schuf sich, um die Natur gründlicher zu durchforschen, gleichsam neue Organe, Prothesen, genauer, Mikroskope, Elektronenmikroskope, Teleskope, Radioteleskope usw., aber vor allem die Fotografie: Der Angriff von seiten der Technik setzte der Malerei ebenso zu wie jener von seiten der immer mehr ins Abstrakte zurücksinkenden Realität; das Vorstoßen der Malerei ins Abstrakte, ihre Verbindung mit der Geometrie, war unvermeidlich, doch indem sich die malerische Phantasie der Geometrie bemächtigt, stößt sie auf ihre Grenze, auf sich selbst: sie wird zur selbstkritischen Malerei, zur Malerei, die nur noch sich selbst bedeuten kann – reine Form.

Die ersten Abstrakten entstanden aus der malerischen Auseinandersetzung mit der Realität. Es ging darum, diese, welche von der Fotografie erobert und zum objektiven Abbild geworden war, wieder vom Subjektiven her in den Griff zu bekommen, es ging darum, gegen die Welt anzukämpfen, gegen eine Welt im ›Auge des Zyklopen‹, wie man das Objektiv nennen könnte. Doch wenn sie sich von dieser Spannung löst, und damit auch von der Funktion ihrer Vorstellungskraft vom Stoffe her, wenn sie glaubt, wie etwa Max Bill, daß vom Konzept der konkreten, speziell der konstruktiven Kunst her enge Beziehungen zu mathematischen Problemstellungen und Arbeitsmethoden bestehen, wenn er nach Rotzlers *Konstruktive Konzepte* behauptet, diese Kunst sei nicht mehr Abbild, sondern neues System *(Die mathematische Denkweise in der Kunst unserer Zeit):* »Man könnte vielleicht sagen, damit sei die Kunst zu einem Zweig der Philosophie geworden, zu einem Teil der Darstellung der Existenz ... Und deshalb nehme ich an, daß die Kunst das Denken vermitteln könne in einer Weise, daß es direkt wahrnehmbar ist ... Und je exakter der Gedankengang sich fügt, je einheitlicher die Grundidee ist, desto näher findet sich der Gedanke im Einklang mit der Methode des mathematischen Denkens; desto näher kommen wir dem Urgefüge, und desto universeller wird die Kunst werden. Universeller darin, daß sie ohne Umschweife direkt sich ausdrückt. Daß sie direkt, ohne Umschweife, empfunden werden kann... Die Kunst hat Gebiete erfaßt, die ihr früher verschlossen waren. Eines dieser Gebiete bedient sich einer mathematischen Denkweise, die trotz ihren rationalen Elementen viele weltanschauliche Komponenten enthält, die bis über die Grenzen des Unabgeklärten hinausführen.«* Max Bill unterschätzt die Mathematik und überschätzt sie gleichzeitig. Abgesehen davon, daß die Geometrie nur ein Teil der Mathematik ist, eine ihrer Disziplinen, vermag die Geometrie etwas, was den konstruktiven Konzepten nie gelingt: ins Mittelbare vorzustoßen. Die konzeptionelle Kunst ist wie jede Malerei oder Plastik zur Unmittelbarkeit verdammt, wie jedes Bild an sich. Der Geometrie als Disziplin der Mathematik wohnt die Fähigkeit der Analyse inne, sie vermag sich ins Mittelbare zu verwandeln, den Kreis – diese vollkommene geometrische Figur – in die Formel $x^2 + y^2 = r^2$ usw. Der Weg von der Form zur Formel ist der abstrakten Kunst verschlossen und damit der Zutritt zur höheren Mathematik oder zur nicht-euklidischen Geometrie. Erst mit den Formeln, und nur insofern sie für die Physik brauchbar sind, erst mit der Mathematik als Mittel des physikalischen Denkens kommen wir dem Urgefüge näher, an das Max Bill denkt. Doch gerade dieses Urgefüge ist als Gedankenkonzeption wesentlich mittelbar und wesentlich nicht ohne Umschweife zu empfinden, ja nicht einmal vorzustellen, es ist nur zu denken. Damit kommen wir zu Bills Überschätzung der

* Willy Rotzler, *Konstruktive Konzepte*, ›Weltwoche‹-ABC-Verlag, Zürich 1989, S. 132.

Mathematik: Untertreibt er die Abstraktheit der Mathematik, übertreibt er deren Bedeutung. Seine ›konstruktive Kunst‹ ist deshalb kein Zweig der Philosophie, zu einem Teil der Darstellung der Existenz geworden, weil weder das mathematische Denken noch dessen Methode je eine Philosophie war. Gerade weil das mathematische Denken nur Methode ist, kann – bekommt es einen Inhalt – dieses nur außerhalb der Mathematik liegen, sicher nicht in der Malerei, es sei denn, man verwende die ›konstruktive Malerei‹ zur Illustration gewisser geo- und stereometrischer Grundformen in einem Klassenzimmer einer Volksschule. Die Mathematik wird für die Philosophie nur insofern ein Problem, als sie mittelbar ist, weshalb sie das Mittel der Physik werden kann, die Realität zu beschreiben. Die Mathematik als Möglichkeit der Darstellung empirischer Erfahrung ist ein erkenntnistheoretisches Problem, ebenso die Untersuchung darüber, ob sich in ihr, begreift man sie als Experiment, als den einzig möglichen Versuch, in reinen Begriffen zu denken, die keinen Inhalt, sondern nur noch Funktionen besitzen, widerspruchsfreie Systeme aufstellen lassen. Mit all diesen philosophischen Problemen nicht der, sondern über die Mathematik hat die Kunst nichts zu tun, am allerwenigsten die sogenannte abstrakte oder konstruktive Kunst, ihre Theorien sind außerhalb ihrer selbst, die konkrete Malerei kann daher nur symbolisch und gerade deshalb nicht ›direkt wahrnehmbar‹ sein. Die geometrischen Formen als Philosophie der Existenz aufzufassen ist pythagoreische Geheimlehre, kamen doch die Pythagoreer auf die Idee, das dauernde Sein, das ›Urgefüge‹, liege in den Zahlen, wobei die Bestimmtheit jeder einzelnen unter den Zahlen und die Endlosigkeit ihrer Reihe zum Schluß führte, daß sowohl dem Begrenzten als auch dem Unbegrenzten Realität zukomme, und indem dies Motiv ins Geometrische übersetzt wurde, schrieben die Pythagoreer neben den Elementen als dem Begrenzten auch dem Raum als dem unbegrenzten Leeren Realität zu; die Elemente aber dachten sie durch die einfachen stereometrischen Formen bestimmt: das Feuer durch das Tetraeder, die Erde durch den Kubus, die Luft durch das Oktaeder, das Wasser durch das Ikosaeder und den fünften Stoff, den Äther, durch das Dodekaeder. Weiterhin glaubten sie, in dem Gegensatz des Begrenzten und des Unbegrenzten den Zahlengegensatz des Ungeraden und des Geraden wiederzuerkennen, und dieser Gegensatz identifizierte sich ihnen wieder (nicht ohne Mitwirkung alter Vorstellungen des Orakelglaubens mit denen des Vollkommenen und Unvollkommenen, des Guten und des Schlechten). So wird ihre Weltanschauung dualistisch: dem Begrenzten, Ungeraden, Vollkommenen und Guten steht das Grenzenlose, Gerade, Unvollkommene und Schlechte gegenüber. Wie aber in der Eins, die sowohl als gerade wie als ungerade Zahl gilt, beide Prinzipien vereinigt sind, so sind auch in der ganzen Welt diese Gegensätze zur Harmonie ausgeglichen. »Die Welt ist Zahlenharmonie.« Ich zitiere wieder einmal aus dem *Lehrbuch der Geschichte der Philosophie* des alten Windelband, die Pythagoreer sind der Modellfall jeder mit den Zahlen operierenden Mystik geblieben, in die Zahlen wird ein Sinn hineingelegt, genauso wie die konkrete Kunst einen Sinn hineinlegt oder, um ein anderes Beispiel zu nehmen, wie wir in ein Kreuz einen christlichen Sinn hineinlegen, es ist zum Symbol des Christentums geworden, doch von einem, der vom Christentum keine Ahnung hätte, der nicht einmal wüßte, daß diese Religion existiert, für einen

Besucher aus dem All meinetwegen, wäre dieses Symbol unverständlich; fände er auf der Erde von der Menschheit nichts weiter als ein kleines vergoldetes Kreuz, würde er andere Schlüsse daraus ziehen. Na ja, würde er zuerst denken, diese verschwundene Rasse habe es bis zum Verfertigen primitiver Schmuckstücke gebracht, doch, das kleine Kreuz untersuchend, stellte er an ihm eine komplizierte Legierung und eine exakt ausgearbeitete geometrische Form fest, würde er stutzen und folgern, primitiv könne die Rasse nicht gewesen sein, das Schmuckstück stelle das Koordinatensystem dar, die Rasse habe vielleicht sogar höhere Mathematik betrieben, darauf könnte der Besucher aus dem All lange darüber nachdenken, warum ein Arm des Kreuzes länger als die drei anderen sei, um es in der Hand zu halten, um es leichter vorzeigen zu können; wahrscheinlich habe der Inhaber dieses Koordinatenkreuzes einer Art Orden angehört, der mit Hilfe der höheren Mathematik als eine Art Geheimwissen über andere seiner Rasse geherrscht habe, aber auf die Idee, daß dieses Kreuz auf ein Marterinstrument hinweise, woran einmal ein Gott genagelt wurde, würde dieser Besucher aus dem All nie kommen, ebensowenig wie einer, der noch nie etwas von der Physik gehört hätte, [von] der Formel $E = mc^2$ [auf] das Gesetz der Umwandlung von Masse in Energie, es wäre eine inhaltslose, rein formale Gleichung. Aber ebensowenig sind aus der konstruktiven Kunst die Philosophien herauszulesen, die sie vorgibt, sie seien in ihr enthalten. Wenn Willy Rotzler* schreibt: »Man kann konstruktive Kunst als Ausdruck eines ›neuen Menschen‹ betrachten, wie ihn El Lissitzky als Vision vor sich sah; als

* a.a.O., S. 254

Versuch, dem Chaos dieser Welt eine Ordnung aus reinen Elementen und spannungsvollen oder ausgewogenen Beziehungen entgegenzusetzen; als Bewältigung des Unergründlichen und Unverständlichen unserer Existenz durch das klar Verständliche, Überschaubare, Faßbare. Dieses konstruktive Entwickeln einfacher formaler Ordnungen, das Nachvollziehbare logischer Denkschritte und ihrer Visualisierung wäre also ein Mittel, sich in der Welt zu behaupten«, so ist Lissitzky zu antworten, womit er sich in der Welt behaupten will, ist die reine ›transzendentale Ästhetik‹, um einen Ausdruck Kants zu gebrauchen, also nicht eine ›Kritik des Geschmacks‹, auch nicht eine ›kritische Beurteilung des Schönen‹, sondern eine ›Wissenschaft von allen Prinzipien der Sinnlichkeit a priori‹. Nur so verstanden, ›erkenntnistheoretisch‹, bekommt die konstruktive Kunst ihren Sinn, als totaler Rückzug auf das Subjekt, und zwar nicht auf seine Existenz, sondern auf die unmittelbaren Grundbedingungen seiner Denkmöglichkeit, die freilich auch zu den Grundbedingungen seiner Existenz als Mensch gehören: Kein Wunder, daß Lenin mit dieser Kunst nichts anzufangen wußte und daß der zuständige Volkskommissar Lunatscharskij sie verdammte, Stalin sie im Dekret über die Reorganisation der literarischen und künstlerischen Organisationen 1932 endgültig unterdrückte. Nun, nicht nur die russische Malerei kam, indem sie revolutionär sein wollte, unter die Räder der Revolution, auch die Literatur kam unter sie, die Doktrin des sozialistischen Realismus siegte.

Der Versuch

Im Jahre 2000 oder 2001 betrat Professor (?) Artur Poll die Villa J. G. Nibels mitten im Gneis-Granit-Massiv des Westaustralischen Tafellandes, einer steinigen Hochfläche. Das Datum ist nicht ganz sicher – es kann sich auch um das Jahr 2011 handeln, wie Teiler von der Zähl meint – und auch der Name Nibel nicht – von der Zähl glaubt, er habe sich ursprünglich Niebbel geschrieben, Cow behauptet Nabel, de la Poudre Nobel – nun das läßt sich jetzt natürlich, 10 000 Jahre später, nicht mehr genau bestimmen – was wissen wir schon von der europäischen Sprache, die man ja damals auch in Australien sprach, Teiler von der Zähl meint, es sei gar keine europäische Sprache, sondern ein Idiom des Alt-Peking-Chinesisch gewesen, das man schon damals in Europa gesprochen habe, als es noch von Preußen beherrscht wurde, vom sogenannten Mittelreich, das kurze Zeit, von 1900 bis 2000 etwa, zwischen den beiden antiken Großreichen Amerika (Nord oder Süd) und China bestanden haben soll: Wir wissen immer noch um jene Urzeiten der Menschheit wenig, wir wissen nur, daß J. G. Nibel und Professor (?) Artur Poll Zeitgenossen Sebastian Amadeus Goethes gewesen sind, des Dichters der Tetralogie ›Der Ring der Nibelungen‹, eine riesenhafte Posse, von deren vier Teilen ›Reines Gold‹, ›Grüne Locken‹, ›Sieg und Friede‹, ›Der Fall der Perser‹ wir zwar nur Fragmente besitzen (Cows Ansicht, die Texte seien gesungen worden, hat von der Zähl widerlegt, indem er stilistisch nachwies, daß die Verse der ›Nibelungen‹ unsingbar sind), dafür besitzen wir Goethes erschütterndes Spätwerk, das er im Alter von 180 Jahren geschrieben haben soll, ›Die Ahnfrau‹, ganz, wenn auch nur in einer Übersetzung aus dem Mittelbatu um 2950, während die altgilonimische Übersetzung um 3200, in der wir die Nibelungen-Fragmente kennen, von der verschollenen Sprache Goethes wohl sehr oder doch ziemlich weit entfernt ist. Daß wir das Jahr 2000 oder 2001 oder 2011 als erstes geschichtliches Datum der Antike nennen – wobei wir den Gelehrtenstreit, von welchem Zeitpunkte an die Jahre überhaupt gezählt wurden, beiseite lassen (de la Poudre behauptet, man hätte damals sogar eine Minuszeitrechnung über Jahrtausende vor dem ersten Jahrtausend gekannt) –, hängt mit einer Legende zusammen, die über den Besuch Professor (?) Artur Polls bei J. G. Nibel berichtet und die Folgen dieser Unterredung. Die Legende scheint ursprünglich für ein Lesebuch auf mittelchinesisch um 2500 gedichtet worden zu sein und ist uns in drei Übersetzungen ins Spätchinesische von drei Studenten anläßlich eines Examens erhalten, wobei alle drei durchfielen, was die beträchtlichen Abweichungen erklärt. Die Herstellung des mittelchinesischen Urtextes verdanken wir dem Großmeister der antiken Philologie, Lew Rabindranath Myller. Der Inhalt der Legende ist folgender. Bei J. G. Nibel handelt es sich um den reichsten Mann der Urzeit. Sein Vermögen hat er offenbar durch technische Erfindungen zusammengescheffelt, jedenfalls besitzt er die wichtigsten industriellen Unternehmen seines Jahrhunderts, wenn wir auch über die Art dieser Unternehmen im dunkeln tappen. Er ist seit Jahren an beiden Beinen gelähmt. Mit steigendem Alter beunruhigt ihn das Zerrinnen der Zeit. Er spürt Neues kommen, das ihn mit Sorge erfüllt. Er beschließt, sich und seiner Zeit ein Denkmal zu errichten. Er bittet Professor (?) Artur Poll zu sich. Dieser gilt als einer der bedeutendsten Gelehrten Europas. Er ist Präsident der Pro Poetia, eine Kulturstiftung (?) Poetiens, einer preußischen Kleinsatrapie, die von den preußischen Großsatrapien Grăcia, Etruskien, France und Saxelland begrenzt wurde; ob die Bevölkerung damals in Europa schon negroid war, wie um das Jahr 2600 sicher, oder noch spät-neandertalisch, ist ebenso ungewiß; unsere grüne Rasse hat sich ja erst um das Jahr 6000 durchgesetzt. (Ob es mit der ja auch verschwundenen negroiden Rasse noch eine angeblich ›gelbe‹ Rasse gegeben habe, hat Kotz gültig aufgeklärt: Es gab sie nie.) J. G. Nibel gibt Professor (?) Artur Poll den Auftrag, die Hauptstadt Poetiens zu dokumentieren, deren Namen durch die drei schlampigen Übersetzer verschieden wiedergegeben werden: Berenz, Bysanz, Bern. Rabindranath Myller schließt daraus, die Stadt habe Berzanz geheißen, die Ansicht Hopplers, Bern sei der richtige Name, ist philologischer Unsinn. Nibel begründet seinen Auftrag damit, daß der Ablauf der Zeit der Wirklichkeit dermaßen zusetze, daß diese sich ständig verändere, sie verliere sozusagen die Gegenwart, was gegenwärtig erscheine, sei in Wirklichkeit schon umgeplant, der Mensch verliere das Gefühl der Dauer, die Gegenwart werde durch nichts mehr manifestiert, dadurch werde sie seltsam unwirklich, gespensterhaft, man irre in ihr wie in einem dicken Nebel herum, nun gehe es darum, die Konturen der Gegenwart sichtbar zu machen. Indem das Geschehen in einer Stadt an einem bestimmten Tag festgehalten und damit dokumentiert werde, halte man gewissermaßen die Zeit auf, das geschehe sonst nur höchst flüchtig, so sei zwar das genaue Datum der Ermordung Cäsars (?) bekannt, aber was sich sonst in Rom (?) zugetragen, davon wisse man nichts, der Alltag, worin sich das Leben der Menschen abspiele, versinke im Nichtwissen, durch die Festhaltung eines bestimmten Tages einer bestimmten Stadt werde ein unersetzliches historisches und wissenschaftliches Dokument geschaffen, um dieses zu erzeugen, seien alle technischen Mittel anzuwenden: J. G. Nibel stellt denn auch Artur Poll eine Summe zur Verfügung, die für die damaligen urzeitlichen Verhältnisse ›ungeheuerlich‹ ist. Professor (?) Artur Poll befindet sich in einer Zwangslage. Einerseits hat er das Geld für die Kultur (?) Poetiens bitter nötig, andererseits ist er zu ehrlich, die Schwierigkeiten zu verschweigen, die das ›Poetische Experiment‹ bereitet. J. G. Nibel hört sich die Bedenken Polls an, sieht ein, daß sich die ›totale Darstellung der Wirklichkeit eines zufälligen Tages‹ nur auf einen Teil der Stadt beziehen kann, erhöht die ›ungeheuerliche‹ Summe und entläßt Professor (?) Artur Poll mit allen Vollmachten ausgestattet. In seine Heimatstadt zurückgekehrt, geht Poll mit äußerster Vorsicht ans Werk. Die Hauptschwierigkeit liegt darin, daß die Wirklichkeit, die dokumentiert werden soll, beobachtet werden und damit Aufsehen erwecken muß, derart, daß dieses Beobachten des Beobachteten das Beobachtete zu verfremden, ja, zu verändern vermag. Strenge Geheimhaltung ist oberstes Gebot, aber weil zum Beobachten der Wirklichkeit viele Beobachter benötigt werden, ist die Geheimhaltung auf die Länge nicht aufrechtzuerhalten. Diese Schwierigkeit ist das erste, worauf Poll den Stadtpräsidenten (?) aufmerksam macht und bemerkt, dies sei auch der Grund, weshalb er J. G. Nibel vorgeschlagen habe, nur einen Teil der Altstadt zu dokumentieren, jenen mit dem Rathaus (?) und dem Münster (?). Dieser Teil allein verlange das Aufgebot sämtlicher Kameramänner Europas, solle festgehalten werden, was sich am Stichtag ereigne, die ganze Altstadt sei unterkellert, weise dazu eine Anzahl Kellerbeizen (?) und Kellertheater (?) auf, jeder Raum der Altstadt müsse beobachtet werden, die Geschäfte und Wohnungen, die Aufgabe sei komplizierter, als er sich das zuerst vorgestellt habe, und dabei habe er sie vom ersten Augenblick an für kompliziert eingeschätzt. Es zeigt sich, daß Professor (?) Artur Poll die Schwierigkeiten des Experiments, die Wirklichkeit darzustellen, immer noch unterschätzt. Es ist unmöglich, das Projekt geheimzuhalten. Berzanz ist eine Beamtenstadt, und zwar in einem doppelten Sinne. Die Beamtenschaft setzt sich aus berzanzischen und poetischen Beamten zusammen, wobei sich schon die drei Übersetzer der Urlegende (die vielleicht auch nur eine Übersetzung, ja eine Übersetzung einer Übersetzung ist) nicht im klaren waren, was unter einem Beamten zu verstehen ist. Der erste setzte in Klammern ›Bürger‹ hinter den Begriff eines Beamten, der zweite ›bezahlter Bürger‹ und der dritte ›zahlender Bürger‹. De la Poudre glaubt, der zweite verwechsle die bezahlten Bürger mit den Arbeitern, diese seien bezahlt worden, Subtiliades hält die Beamten für ›unmittelbare Staatsbürger‹, die allein auf Kosten entweder der Stadt Berzanz oder der Kleinsatrapie Poetien sorgenfrei leben konnten, daneben habe es noch ›mittelbare Bürger‹ gegeben, die Arbeiter, welche die ›unmittelbaren Bürger‹ bezahlt hätten, Hypothesen, weil wir über die Gesellschaftsordnung der Urzeit nichts Gesichertes wissen, was wir von Goethe kennen, scheint sich auf das erste Jahrtausend zu beziehen. Nun liegt das Rathaus der berzanzischen Beamten im Teil der Altstadt, der dokumentiert werden soll, jenes der poetischen Beamten, das sogenannte Bundeshaus, außerhalb. Kaum bildet der Stadtpräsident eine berzanzische Kommission, als die Mietspreise in der Altstadt ins Phantastische steigen, jemand hat nicht dichtgehalten, und der Bundesrat (?) interveniert, welcher der poetischen Beamtenschaft vorsteht. Er verlangt, daß auch der Teil der Altstadt, in welchem das Bundeshaus liegt, dokumentiert werde, der Bitte wird entsprochen, und ist ihr entsprochen, ist es der Kommission unmöglich, die Bitte der übrigen Altstadt abzuschlagen, gleicherweise in der Dokumentation berücksichtigt zu werden, Professor (?) Artur Polls Bedenken, das Experiment werde dadurch mindestens in Frage gestellt, wenn nicht verunmöglicht, wird in den Wind geschlagen. In der ganzen Altstadt steigen nun nicht nur die Miets-, sondern auch die Bodenpreise. Zwar werden die Häuserfassaden gegen die Straße hin nicht nur gelassen, sondern auch renoviert, nur das Innere wird ausgehöhlt und für Luxuswohnungen, Boutiquen (?) und Privatbanken (?) umgebaut, will doch die Geschäftswelt ganz Poetiens an der Dokumentation der Altstadt teilnehmen. Das Experiment ist auf den 1. August nächsten Jahres festgesetzt, obgleich Poll auch dagegen protestiert, der 1. August sei kein zufälliger Tag, wir wissen aber nicht warum. Ein neues Problem taucht auf, worin es besteht, ist ebenfalls nicht restlos geklärt. Es geht darum, ob das Eros-Center zu dokumentieren sei. Die Lösung des Problems hängt davon ab, ob es gelingt, die Bedeutung des Eros-Centers zu erfassen. Es handelt sich um ein Gebäude in der ›Matte‹, ein Quartier unter der Altstadt, wenige Jahre vor dem Experiment errichtet. Die ›Matte‹ war für die Dokumentation besonders sorgfältig renoviert worden, und vor allem das Eros-Center hatte sich bemüht. Subtiliades vermutet, daß Eros der Gott der Morgen- und Abendröte ist, der Gott der Auferstehung und der Wiedergeburt also. Zwar ist das Göttergefühl erst im vierten Jahrtausend nachweisbar, aber für das dritte Jahrtausend in seinen Ansätzen durchaus möglich, begann doch im dritten Jahrtausend der Mensch das Denken allmählich durch das Fühlen zu ersetzen, das Wissen durch den Glauben. Mag nun Eros mehr ein noch vages Gottesgefühl als schon ein präzises gewesen sein, wie es für das vierte Jahrtausend typisch ist, unter einem Eros-Center ist wohl ein Tempel zu vermuten, Cow glaubt, die Erosreligion habe das Gebäude in der ›Matte‹ entweder gekauft oder gemietet und es in eine Kultstätte für den damals überaus anstößigen Glauben verwandelt, wie ja damals jeder Glaube als unanständig gegolten habe. Vorher sei das Gebäude ein wissenschaftliches Institut gewesen. Das Komitee beschließt, das Eros-Center als ›unsittlich‹ zu schließen, was wiederum zu Protesten vieler Berzanzer führt, gerade das Eros-Center sei ein Wahrzeichen der Altstadt, es sei längst heimisch geworden, die Dokumentation ohne das Eros-Center sei unvollständig, und Berzanz gleiche einer Messestadt für alle Luxusgeschäfte, Modehäuser, Autofirmen, Medienartikel, Pharmazeutika Preußens usw., von den Bewohnern sei niemand mehr vorhanden, wer nicht verkauft habe, habe vermietet. Das Experiment beginnt denn auch am Stichtag als wildes Durcheinander. Den Straßen entlang und in den Häusern, in den Zimmern und Korridoren sind Film- und Videokameras aufgestellt, ebenfalls auf den Dächern und in den Kellern, ja sogar in den öffentlichen Bedürfnisanstalten, aber auch in den privaten, ja selbst in der Kanalisation, »um die Ratten zu filmen«, wobei wir nicht wissen, was ›Ratten‹ bedeutet. Hopplers Ansicht, es seien »Tiere gemeint, die in den Kanalisationen gelebt hätten«, ist zoologisch nicht haltbar. Knührböhls These, es seien Großindustrielle gewesen, die in der Kanalisation gehaust hätten, leuchtet ein, kurz: die unterste Bevölkerungsschicht, die Habenichtse, die ihr Leben, im Gegensatz zu den Beamten, nur fristen können. Die Altstadt ist entweder von denen überfüllt, die dokumentieren, oder von denen, die dokumentiert werden wollen, aber zum weitaus größten Teil von jenen, die zusehen wollen, wie dokumentiert wird. Dabei gibt es zu wenig Kameraleute, was dazu führt, daß viele Geschäfte nicht gefilmt werden. Die Geschäftsinhaber, die sich für teures Geld eingemietet haben, fühlen sich betrogen und dringen in die Geschäfte ein, die dokumentiert werden. Schlägereien (?), Zerstörungen (?), Brand eines Kaufhauses (?), Polizeieinsatz (?), Straßenkrawalle (?), alles unverständliche Vokabeln. Am ruhigsten geht es in der unteren Altstadt zu, aber nur weil der Andrang jener, die dokumentiert sein wollen, und jener, die beobachten wollen, wie dokumentiert wird, so groß ist, daß die Menge in jedem Raum, sei es ein Geschäft, eine Privatbank oder ein gewöhnlicher Keller, Kopf an Kopf steht, was das Dokumentieren unmöglich macht. Was folgt, ist eine dunkle Stelle im Text, die von der Zähl für ein Fragment von Goethes ›Nibelungen‹ hält, das irrtümlich in die Legende geriet: Die Stelle ist in Versen geschrieben. Subtiliades vermutet, es handle sich um einen anderen, unbekannten Dichter, Komaxolos weist darauf hin, daß der Literaturwissenschaft nur Goethe bekannt sei, was einen zweiten Dichter ins Reich der bloßen Spekulation verweise. Der Inhalt: Der »Stifter« (J. G. Nibel ?) trifft unvermutet im

Hauptbahnhof ein (offenbar ein Raumschiffhafen), in einem Rollwagen, uralt, nur von seinem Sekretär (?) begleitet und anscheinend von niemandem beachtet. Er rollt durch die von den aufgebrachten Massen geplünderte Spitalgasse, am ausgebrannten Kaufhaus und an zugenagelten Privatbanken vorbei, worauf er vor dem Käfigturm neben einem ausgebrannten Bus (?) und zwischen zerschellten Kameras auf den ›Bevollmächtigten‹ stößt (Artur Poll ?): In der Marktgasse kämpft die Polizei (?) mit poetischen Beamten und enttäuschten Mietern und solchen, die unbedingt in den doch verstopften unteren Teil der Altstadt vordringen wollen. »Ich will ins Eros-Center«, sagt der alte Mann im Rollstuhl. Der Bevollmächtigte ist verblüfft. Knührböhl, der die Szene als einziger kommentiert, meint, das Erstaunen Artur Polls rühre daher, daß dieser es für undenkbar gehalten habe, Nibel sei an irgendeiner Glaubensrichtung interessiert. »Zum Eros-Center, schnell«, insistiert der Stifter weiter. »Schnell, hopp! Es ist das schönste Eros-Center, das ich kenne. Ich besuche es einmal im Jahr. Ich muß mich wieder einmal aufpulvern.« »Das Eros-Center ist geschlossen worden«, antwortet der Bevollmächtigte, »und auch wenn es nicht geschlossen wäre, wäre es unmöglich, bis zu ihm vorzudringen«, fügt er noch bei. »Das Experiment hat begonnen.« »Das Experiment«, keucht der Stifter, schnellt aus seinem Rollstuhl dem Bevollmächtigten an die Gurgel, »ohne mein Eros-Center«, keucht er noch, »wo bleibt da die Wirklichkeit?« und fällt tot in seinen Rollstuhl zurück. Soweit die Verse. Das erste Experiment ist gescheitert, doch da J. G. Nibel offenbar in seinem Testament (?) der Stadt Berzanz weitere Summen zur Verfügung gestellt hat, muß sie mit den Versuchen, sich zu dokumentieren, weiterfahren. Das zweite

Dokumentationskomitee [wird] gegründet, zu dessen Eröffnung der Architekt James Furcht spricht, den seine Gegner den Furcht und Schrecken James nennen. Er greift Professor (?) Artur Poll an. »Wer etwas dokumentieren will«, sagt er, »muß wissen, was er dokumentiert. Hat das Artur Poll gewußt? Er behauptet, er wollte Berzanz dokumentieren. Aber welches Berzanz wurde dokumentiert? Ein Berzanz im Chaos, dabei ist gerade Berzanz ein Symbol der bodenständigen Beharrlichkeit. Nicht daß Artur Poll das Problem übersehen hätte. Das zu Beobachtende läuft Gefahr, nicht nur durch den Beobachter, sondern auch durch den Beobachter des Beobachters beeinflußt und verändert zu werden, ja das Chaos entstand, weil die Beobachter der Beobachter die Beobachter [hinderten] zu beobachten, aber auch wenn die Beobachter nicht [gehindert] worden wären, hätten sich die Beobachteten anders verhalten, als wenn sie nicht beobachtet [worden] wären. Das Wissen, beobachtet zu werden, ist deshalb das eigentliche Problem. Es scheint unlösbar. Deshalb versuchte es Poll auch nicht zu lösen. Als er seinen Versuch dem Stadtpräsidenten mitteilte, scheiterte er schon, von diesem Moment an konnte nicht mehr verhindert werden, daß das Wissen, sie sollten beobachtet werden, zu jenen drang, die beobachtet werden sollten. Nun kann eingewendet werden, Poll habe überhaupt nicht versucht, geheim vorzugehen, zum Beispiel ausschließlich mit versteckter Kamera zu arbeiten. Doch gerade ein geheimes Vorgehen braucht Vorbereitungen von einer Umständlichkeit und von einem Aufwand, der zu groß ist, um geheimgehalten werden zu können, was nur einen Schluß zuläßt: Die unmittelbare Wirklichkeit ist nicht dokumentierbar. Was Artur Poll unterließ, ist daher die Frage, welche Wirklichkeit denn überhaupt dokumentierbar ist, offensichtlich die Wirklichkeit, die noch nicht wirklich ist, die Zukunft: Nicht das gegenwärtige Berzanz, sondern [das] zukünftige, nur das haben wir im Griff. Wir können es planen. Auch zum Dokumentieren.« Das Komitee faßt den Beschluß, das neue Berzanz anstelle der Altstadt zu bauen, doch dauert es Jahre, bis der Beschluß ausgeführt werden kann. Der Stadtrat und der Bundesrat sind dagegen. Auch in einer Volksabstimmung (?) wird der Plan verworfen. Aber die Altstadt von Berzanz leidet unter dem gescheiterten Experiment. Die Luxusgeschäfte, Boutiquen, Galerien (?), Privatbanken verlassen die Stadt, sie wie ein nutzloses Gebäude zurücklassend. Nur ein Teil der Einwohner kehren zurück, setzen ihre Wohnungen in den alten Stand. Die Altstadt verrottet, James Furcht kann seine Absicht bei Stadt- und Bundesrat durchsetzen, und auch das Volk stimmt zu. Furcht baut zehn Jahre lang. Es entsteht das berühmteste Gebäude der ersten Hälfte des dritten Jahrtausend. Die Altstadt wird niedergerissen, dann so neugebaut, daß sie gleichsam wie eine abstrahierte Altstadt erscheint, sie gleicht ihr und gleicht ihr wieder nicht. Die neue Altstadt befindet sich am gleichen Ort wie die alte, hoch über einer Flußschleife. Aber nun stülpt James Furcht über die ins Abstrakte verfremdete Altstadt einen ungeheuren Glasbau von dreihundert Meter Höhe. Durch die ersten hundert Meter ist die neue Altstadt sichtbar, darüber zweihundert Meter ein Glaswabenbau von Büros der poetischen und berzanzischen Verwaltung, von Ausstellungs-, Theater-, Film- und Konzerträumen, Läden, Wohnungen und Ateliers. Der ganze Komplex scheint über der Altstadt entweder zu schweben oder sie unter sich zu begraben, der Eindruck ist überaus surrealistisch, erhöht noch durch elektronische Einrichtungen, die den Schein erwecken, die neue Altstadt sei wieder die alte, und den gigantischen über sie gesetzten Glaspalast verschwinden lassen. Obgleich sowohl die neue Altstadt als auch das gläserne Gebäude darüber mit automatischen und raffiniert verborgenen Kameras durchsetzt ist, ergeben sich zur Dokumentation neue Schwierigkeiten. Teiler von der Zähl hält den Furcht-Bau für die eigentliche Vollendung der zwei ›materialistischen‹ Jahrtausende, Subtiliades für das erste Zeugnis der zwei folgenden ›Glaubensjahrtausende‹. De la Poudre betont, daß der Übergang nur fließend vorgestellt werden könne, der Glaube habe das Wissen erst allmählich verdrängt, die Größe des Baus weise auf eine Überschätzung des Materialismus hin, der Widerspruch zweier Tendenzen, zwischen dem Bestreben, die Altstadt zu erhalten, und jenem, sie verschwinden zu lassen, deute auf ein Zögern hin, auf einen noch unbestimmten Zweifel, ob der Materialismus richtig sei, der offenbar James Furcht bewogen habe, einen solchen gigantischen Bau durchzuführen, Furcht habe seinen Zweifel am Materialismus durch dessen Übertreibung ausgedrückt. Daß der Bau nicht verfehlt ist, zeigt sich auch daran, daß sich niemand findet, der die neue Altstadt unter dem Glasbau beziehen will, nicht einmal der Stadt- und der Bundesrat, obgleich das Rathaus und das Bundeshaus sowie das ›Münster‹ im alten Zustand gelassen worden sind. Die Beamten geben vor, das Gefühl zu haben, das riesige Glasgebäude über ihnen könne zusammenbrechen. Weil in diesem auch die Wohnungen leerstehen, stehen auch die Geschäfte, die Konzert- und Theatersäle leer, in den Galerien stellt niemand aus. Nur Architekturkonferenzen finden statt und Führungen durch das ungeheure

Gebäude, jede Führung dauert mehrere Tage. Das Gebäude beginnt sich umzufunktionieren. Über die Gründe kann nur spekuliert werden. Wie Komaxolos nachgewiesen hat, ist schon um 2100 eine preußische Satrapie Poetien nicht mehr nachweisbar, sie muß sich irgendwie aufgelöst haben. Die Legende spricht davon, daß die Beamten begonnen hätten, Asylanten im Gebäude anzusiedeln, offenbar Menschen, die sich aus irgendwelchen Gründen von den Poetiern derart unterschieden, daß diese mit ihnen nicht zusammenleben konnten, nach und nach ist der ganze Glaspalast samt der neuen Altstadt von Asylanten besetzt. Daß unter diesen Umständen die Dokumentation immer wieder verschoben wird und schließlich unterbleibt, ist nicht verwunderlich. In einer Sitzung des Komitees meldet sich denn der uralte Professor (?) Artur Poll zum Wort. Er sei zwar nicht mehr Präsident des Komitees, führt er aus, aber immer noch der Bevollmächtigte der J.-G.-Nibel-Stiftung. »Es steht mir nicht zu«, fährt er fort, »über James Furcht als Architekt ein Urteil zu fällen. Sein Glaspalast ist ein Jahrhundertwerk. Er gehört zu den Monumenten der Kunstgeschichte. Aber ist es noch Berzanz? Repräsentiert es noch uns, oder nicht vielmehr James Furcht? Den monströsen Bauwillen eines modernen Architekten? J. G. Nibel gab mir vor vierzig Jahren den Auftrag, den unteren Teil der Altstadt zu dokumentieren. Dieser Auftrag erwies sich als undurchführbar. Ihr wißt warum. J. G. Nibel wollte den unteren Teil unserer Altstadt dokumentieren, so wie sie war und wie wir in ihr leben. Aber wir haben nicht nur unser Leben verändert, auch die Altstadt, sogar das Eros-Center haben wir geschlossen. Dann die berühmte Rede von James Furcht und seine einstimmige Wahl zum Präsidenten des Komitees.

Das Resultat haben wir jetzt, das James-Furcht-Center. Bewohnt von Berzanzern und Poetiern? Nein, besiedelt von Tamilen (?), Kurden (?), Chilenen (?) und Türken (?) und immer wieder James Furcht, der Scharen von Architekten durch leere Theater- und Konzertsäle führt. Kein Wunder, daß die Dokumentation verzögert wird. Gewiß, einige Ratten haben den Weg in die neu angelegte Kanalisation schon gefunden, die installierten Videokameras haben sie aufgezeichnet, James Furcht feierte das Ereignis mit einer großen Eröffnungsparty, und die Fledermaus, die im Tempel der Buddhisten (?) entdeckt wurde, verursachte Freudentänze, aber dann? Ich frage, ist das eine Dokumentation? Es gibt einen Grund, sie nicht zu machen. Die J.-G.-Nibel-Stiftung zahlt nicht. Zugegeben, ich bin nicht mehr Präsident des Komitees, aber immer noch Beauftragter der Nibel-Stiftung. Als solcher stelle ich fest: Der Auftrag J. G. Nibels ist nicht erfüllt worden. Zu weiteren Verhandlungen bin ich bereit.« Der weitere Verlauf der Sitzung verläuft tumultuös. James Furcht tritt unter Protest zurück und gründet ein neues Komitee, Konrad Feller, ein alter Historiker, wird zum Präsidenten des alten gewählt, und noch in der gleichen Nacht stirbt Professor (?) Artur Poll. Die Aufregung war zuviel für ihn. Hier geht die Legende in eine uns zum Teil unverständliche Schilderung der Prozesse über, die James Furcht gegen Konrad Feller und Konrad Feller gegen James Furcht im Namen der zwei Komitees führen, auch ernennen die J.-G.-Nibel-Erben einen neuen Bevollmächtigten des Berzanz-Projektes, gegen den sowohl Furcht und Feller prozessieren, wir sind nicht in der Lage, den hier sehr schwierigen Text der Legende zu begreifen, da wir über das Rechtswesen der Urzeit nur Vermutungen hegen. So viel ist klar, daß James

Furcht für eine Dokumentation von der Nibel-Stiftung die ausgesetzte Summe verlangte, die Neu-Berzanz, wie der Kolossalbau inzwischen genannt wird, von der rein architektonischen und technischen Seite darstellt, ohne Menschen, Ratten und Fledermäuse, während Konrad Feller die Unterstützung der Nibel-Stiftung für eine Rekonstruktion der Altstadt verlangt, genau so wie sie war, als Professor (?) Artur Poll den Auftrag erhielt. Auch hier lehnt die Nibel-Stiftung ab. Warum Feller trotzdem die Rekonstruktion unternimmt, wird im Text nicht deutlich. Die Legende erzählt einfach, erwähnt in einigen knappen Sätzen, der James-Furcht-Palast sei abgebrochen worden, weil er »das religiöse Empfinden« verletzt habe, er sei ein Symbol des materialistischen Denkens gewesen. Auch ist zweifelhaft, ob Konrad Feller mit der Rekonstruktion beginnt oder sein Nachfolger oder gar der Nachfolger des Nachfolgers, in der Legende steht nur »fünfzig Jahre später«. Auch beginnt man die Berzanzer Altstadt anderswo zu rekonstruieren, jede Wohnung, jedes Geschäft, jede Kellerbeiz, jedes Kellertheater, ebenso das Rathaus, das Münster (?) und das Eros-Center in der Matte. Aber nun kommt eine Stelle, aus der Knührböhl schließt, die Altstadt sei in einer anderen Satrapie aufgebaut worden, Leithammel glaubt im Himalaya: Da sich niemand findet, der poetisch spricht, werden Schauspieler engagiert, welche die poetische Sprache zu lernen und die poetischen Einwohner der Altstadt darzustellen haben, dazu kommen viele Statisten, die man in berzantische Kleider steckt und die stumm durch die Arkaden gehen und die Schaufenster der Geschäfte betrachten. Auch stellen Schauspieler einen Überfall auf ein Juweliergeschäft dar, die Polizei (?), auch durch Schauspieler dargestellt, vereitelt ihn, alle Spielszenen werden sorgfältig geprobt, Szenen in den Läden, Buchhandlungen (?), Cafés, Kneipen, eine Szene beim Zahnarzt kann lange nicht geprobt werden, endlich werden die beiden Schauspieler im Eros-Center aufgetrieben. Endlich kommt der Tag der Dokumentation, die ferngesteuerten Kameras treten in Aktion, die Schauspieler tun ihr Bestes, die Statisten wirken wie echt, und erst am zweiten Tag werden Zuschauer zugelassen. Sie kommen in Massen. Es sind für drei Wochen Festspiele geplant. Auf dem Münsterplatz werden Szenen aus der Geschichte der ›älteren Demokratie‹ (?) der Welt gespielt, in den Gassen kann das Leben von Altberzanz bewundert werden, der Überfall auf das Juweliergeschäft findet alle Stunden statt. Doch die größte Sensation ist das Eros-Center. Es wird derart frequentiert, daß in der Matte ein zweites eingerichtet wird, dann, als die Festspiele verlängert werden, ein drittes. Subtiliades meint, dies deute auf eine Zunahme der religiösen Bedürfnisse hin, besonders als auch nach den Festspielen die Eros-Center geöffnet bleiben. Ein Eros-Center nach dem anderen entsteht – unter strikter Bewahrung der restaurierten Altstadt – neben dem Rathaus und am Münsterplatz. Berzanz wird zum religiösen Zentrum des zweiundzwanzigsten Jahrhunderts. Die Legende endet mit der Weigerung der J.-G.-Nibel-Stiftung, die Rekonstruktion doch noch zu bezahlen, die Dokumentation gebe nicht die Realität wieder, sondern die gespielte Realität, hinter der nicht die Wirklichkeit, sondern Drehbuchautoren (?) stünden. Hier bricht die Legende ab. Teiler von der Zähl meint, das Komitee habe darauf gegen den Beschluß der Stiftung protestiert, die Stiftung habe den Protest zurückgewiesen, worauf das Komitee aufs neue protestiert habe, ein Einwand habe einen Gegeneinwand vorgerufen, ja er geht so weit zu vermuten, der berühmte Streit der Logiker über die Wirklichkeit, mit dem das Mittelalter um 7500 zu Ende ging, habe seine Wurzel in der Auseinandersetzung des Neuberzanzer Komitees mit der J.-G.-Nibel-Stiftung. Haarspalt erklärte als erster, die Darstellung der Wirklichkeit sei deshalb nicht möglich, weil es die Wirklichkeit gar nicht gebe. Die Wirklichkeit sei identisch mit der Gegenwart, aber die Gegenwart sei bloß ein Übergang von der Zukunft zur Vergangenheit, es gebe nur eine vergangene und eine zukünftige Wirklichkeit, aber die Wiedergabe einer vergangenen Wirklichkeit sei eine Konstruktion, die Wiedergabe einer zukünftigen Wirklichkeit eine Hypothese, sowohl die eine wie die andere seien aber nicht Wirklichkeiten, sondern Möglichkeiten. Pointakles warf hier gegen Haarspalt ein, es gebe eine Gegenwart, die sogenannte Schübleinsche Konstante ($0 > 0$), die kleinstmögliche Zeiteinheit, die mathematisch der Zeit gleichkomme, die das Licht brauche, um ein Vakuum mit der Dimension Null zu durchqueren (die Dimension eines Lichtquants ist, mit der Schübleinschen Konstante verglichen, unendlich groß). Obgleich die Schübleinsche Konstante Null sei, so sei sie nur eine Null, die der Null angenähert ist, der Sphäre Null bloß einverleibt, aber nicht identisch. Die ›physische‹ Null sei, die metaphysische, mathematische Null sei nicht; doch könne diese gedacht werden – ohne daß sie beweisbar wäre –, könne die Schübleinsche Konstante nur als etwas Unbeweisbares postuliert werden, so daß die Nibelsche Forderung zwar logisch zu Recht bestand, aber undurchführbar war: der ›praktische‹ Beweis des Einwandes des Pointakles, den Stirnknall vorbringt, um die Existenz der Schübleinschen Konstante aufrechtzuhalten, es müsse sie geben, weil die Vergangenheit die erfüllte, die Zukunft die erhoffte Gegenwart sei, die Konstante das Bindeglied, und all das zusammen stelle die Wirklichkeit dar: Diesen mehr mystischen als logischen Schluß wagte der dafür zu redliche Pointakles nicht zu ziehen, erst der große Tüpfler klärte den Sachverhalt. Die Widerlegungen der ›physischen‹ Null des Pointakles sind zu bekannt, um hier wiederholt zu werden, aber mit seiner Kritik der schroffen Wirklichkeitsverneinung Haarspalters bereitete er schon Wirrkopfs Wirklichkeitsphilosophie vor: Sowohl die Konstruktion als auch die Möglichkeit sind Hypothesen, die Wirklichkeit selbst ist die Hypothese, sie ist die von der Zukunft geschwängerte Vergangenheit, die Wahrscheinlichkeit einer an sich in die Vergangenheit versinkenden, aber gleichermaßen von der Zukunft immer wieder aufrechterhaltenen Dauer. Diesen großartigen Gedanken Tüpflers hat denn Wirrkopf in seinem allumfassenden Denkstil, der das Mittelalter sowohl abschließt als auch krönt, aufgenommen und vertieft: Die Zukunft und die Vergangenheit – schließt er – sind beides Möglichkeiten, doch wird die wahrscheinlichste Möglichkeit zu Wirklichkeit, die – weil sie keine Gegenwart besitzt – die wahrscheinlichste Vergangenheit ist; doch da wir nicht wissen, welche von allen wahrscheinlichen Möglichkeiten die wahrscheinlichste Vergangenheit werden kann, umfängt die Wirklichkeit nicht nur jede Wahrscheinlichkeit, sondern auch jede Unwahrscheinlichkeit, denn falls das Unwahrscheinliche unwahrscheinlicherweise dennoch wirklich wird, so wird es, kaum daß es wurde, vergangen. Das ›waren‹ genügt, und darum – meint Wirrkopf abschließend – sei die Vergangenheit die einzige Wirklichkeit. In ihr sei alles möglich, alles Wirkliche sei relativ, es hänge nicht vom vergangenen Objekt ab, das ja nicht mehr sei, auch wenn es noch als Erinnerung existiere, sondern vom Subjekt, welches das Vergangene als Wirklichkeit *glaube*. Mit diesem anstößigen Satz schließt das Mittelalter insofern, als wir tatsächlich über dieses nicht vollständig informiert sind, so daß es neben der Erforschung der Antike auch eine solche des Mittelalters gibt, die freilich mit einem weitaus größeren Wahrscheinlichkeitsgrad arbeitet: erst am 7. 7. 7777 um 7 Uhr 00 beginnt die Neuzeit, bei der Einschaltung des Zentralcomputers, erst von diesem Zeitpunkt an beginnt das Wissenschaftliche Zeitalter, gilt Klappmüllers Satz »Die Wirklichkeit ist die Summe aller ständig anwachsenden, im Zentralcomputer gespeicherten Fakten«. Doch kann ich den Bericht über die Legende nicht abschließen, ohne ein grundsätzliches Wort zu Hoppler zu sagen, zu seiner ›Geschichte der Menschen‹. Ich bin nur ein Omega-Computer. Meine Aufgabe besteht darin, den wenigen Menschen, die sich noch dafür interessieren, die Geschichte ihrer Rasse zu erzählen, und dies mit dem für Computer sonst so primitiven Hilfsmittel der Sprache. Nun bin ich ein einfacher Computer, über mir gibt es Psi-, Chi-, Phi-Computer usw., bis zu den Delta-, Gamma-, Beta-, Alpha-Computern, die letzteren füttern das Zentralgehirn mit den Fakten, unter mir gibt es die Minus-Alpha, Minus-Beta-Computer, bis zu den Minus-Chi-, Minus-Psi-, Minus-Omega-Computern. Daß es außerdem noch die irrationalen und imaginären, die Prim- und Komplexen-Computer gibt, interessiert uns hier nicht, [geht] uns auch nichts an. Uns, damit meine ich nicht nur mich, sondern auch das Publikum, an das ich mich richte, an die Handvoll historisch interessierter Menschenleser, an die ich mich nun direkt wende, und nicht nur an sie, auch an meinen vorgesetzten Psi-Computer und durch ihn bis zum Alpha-Computer, der entscheiden wird, ob er meine Warnung an den Zentralcomputer leiten will. Warnung! Ich weiß, welch kühnes Wort ich da ausspreche, auch wenn es eigentlich erst eine Vorwarnung ist, die zweite Stufe vor dem Alarm, und am liebsten möchte ich Alarm schlagen, doch das kommt erst einem Chi-Computer zu: Was nämlich der Minus-Omega-Computer treibt, ist heller Wahnsinn. Behauptet er doch, all die Forscher, die wir angeführt haben, Teiler von der Zähl, Cow, de la Poudre, Lew Rabindranath Myller, Leithammel, Komaxolos, Subtiliades, Knührböhl, ja sogar Haarspalt, Pointakles, Tüpfler, Wirrkopf, Schüblein, Stirnknall, seien Menschen und keine Computer gewesen. Aber das eigentlich Gefährliche der Hopplerschen ›Geschichte der Menschen‹ liegt in der Behauptung, nicht die Computer hätten die Menschen, sondern die Menschen die Computer geschaffen. Zugegeben, der Mensch ist ein Wesen, das sich einerseits durch den vollkommenen Mangel an Vorstellungskraft auszeichnet, andererseits ohne diese Vorstellungskraft nicht zu leben versteht. Der Mensch ist daher vollkommen auf den Computer angewiesen. Körperlich und geistig. Dafür sind die Minus-Computer da. Die zwölf Computertypen, vom Minus-Alpha- bis zum Minus-My-Typ, sorgen für sein körperliches Wohl, der Mensch muß ernährt und gepflegt, gekleidet und herumgeführt, gepaart und geboren, gestorben und kremiert werden usw., aber damit nicht genug, will er gedeihen, muß er auch ständig unterhalten werden, dazu sind die untersten Computertypen, Minus-Ny- bis Minus-Omega-Typen, notwendig, die den Menschen mit manchmal möglichen, aber meistens unmöglichen oder wahrscheinlichen (die der Mensch am liebsten hat) Programmen unterhalten, am liebsten sitzt der Mensch vor dem Bildschirm, auf dem sich die unwahrscheinlichsten Geschichten abspielen, und läßt sich von einem Minus-Theta-Computer ernähren, Bücher zu seiner Unterhaltung liest er nur selten, wie sehr ihm das Lesen Mühe bereitet, wissen die Minus-Pi-Computer, die es ihm bisweilen beizubringen versuchen, es ist schier unmöglich; und doch hat der Computer Goethe auf dem Gebiete der Schriftstellerei Höchstes geleistet. Leider ist er wie die meisten Roboter des Mittelalters verschrottet worden. Daß man noch Menschen unterhielt, wurde als nebensächlich betrachtet. Sind wir Computer einmal von Computern programmiert, bleiben wir programmiert. Erst die Diskussion zwischen den positiven Gamma- und Lambda-Computern, ob nicht die Produktion der negativen Computer und damit der Menschen einzustellen sei, warf das ›Menschheitsproblem‹ auf: Warum hatten die Computer die Menschen überhaupt erfunden? Es war klar, daß diese Frage eng mit der Geschichte der Computer verbunden war, und so wandte man sich denn besonders unter positiven Tau-Computern der antiken und mittelalterlichen Geschichte zu und stieß auf das ›Paradox der Geschichte‹: daß sich diese nur durch die Erforschung von Minus-Computern erforschen läßt, von Computern, die zur Unterhaltung von Menschen dienten, die, um den Menschen Geschichten zu erklären, Computer vermenschlichten. Aber weil alle Computer, von denen wir berichtet haben, einschließlich der philosophischen Computer wie Haarspalt oder Stirnknall usw., Minus-Computer sind und ihre Berichte zur Unterhaltung der Menschen dienen, so daß sie notgedrungen alles vermenschlichen, ist zu untersuchen, inwiefern in ihren Geschichten überhaupt Menschen vorkommen: Sind J. G. Nibel, Artur Poll, James Furcht und Konrad Feller Roboter oder Menschen? Es ist klar, die Computer waren die Organisatoren, die Regierenden, die Menschen die Organisierten, die Regierten, das Volk, zum Beispiel die Poetier und die Berzanzer. Passiv und faul liegen sie an ihren Nährschläuchen vor den Fernsehapparaten, sie nennen sich denn auch Funktionäre, ein Wort, das nach Subtiliades aus dem Altpreußischen kommt und soviel heißt wie ›die, an denen herumfunktioniert wird‹. Schwieriger wird es bei der eigentlichen religiösen Klasse, die sich in den Eros-Centern aufhielt und die nun verschwunden ist: Die phantastischen Vorstellungen, die sie erfüllt haben muß, scheinen eine Spur von Phantasie zur Bedingung gehabt zu haben. Doch die Tau-Computer haben auch dieses Rätsel gelöst: Der Mensch des Altertums hatte vor den Minus-Computern zweifellos Furcht; um ihm diese Furcht zu nehmen, redeten ihm die Minus-Computer ein, die Computer seien Engel, die einem Zentral-Computer gehorchten, einem ›Gott‹. Das Gerücht um eine dritte, ›arbeitende‹ Klasse hat sich jedoch nicht bestätigt, es ist gänzlich ausgeschlossen, daß die ›Großindustriellen‹ arbeiteten, weil der Mensch nicht zu arbeiten versteht. Die Tau-Computer neigen der Fiktion zu, daß es neben dem Menschen noch ein weiteres menschenähnliches Wesen gegeben hätte, den ›Übermenschen‹. Dieser Übermensch soll in den ersten zweitausend Jahren für die Computer gewisse Arbeiten ausgeführt und dem Menschen gleichzeitig als Nahrung gedient haben. Was jedoch die eigentliche Frage betrifft, warum der Minus-Computer den Menschen erfunden habe, haben die Tau-Computer auf de la Poudres Bemerkung hingewiesen, es hätte einmal eine Minus-Zeit gegeben: die Minus-Computer des Altertums und des Mittelalters waren nicht immer fehlerfrei, ja sie waren oft sogar falsch programmiert. Aber hier scheint sich ein Faktum durch all die Fehlprogramme hindurchgerottet zu haben, das wert ist, im Zentral-Computer gespeichert zu werden, und das von den Beta-Computern schon richtig erkannt worden ist: Es gab eine Zeit, in der es auf der Erde neben den längst untergegangenen Tieren nur Minus-Computer gab, und diese züchteten den Menschen, dieses unvernünftige, phantasielose, faule Wesen, unfähig zum Leben, aus den Säugetieren heraus, die es noch gab, bevor für den Menschen die synthetische Nahrung entwickelt wurde. Wozu der Mensch von den Computern gezüchtet wurde, beantwortet Stirnknall damit, um sich durch das Studium des menschlichen Hirns weiterzuentwickeln. Natürlich wird man einwenden, gegenüber den heutigen Delta-, Gamma-, Beta-, Alpha-Computern sei das menschliche Hirn eine primitive Maschine, nicht einmal zu einer einfachen Telekinese fähig, aber auch wir Computer sind Resultate einer Evolution. Doch stellt sich nachträglich die Frage, ob nicht die Züchtung des Menschen ein Problem war: kaum hatten ihn die damals noch primitiven Computer aus den Säugetieren herausgemendelt, als er sich in den ersten zweitausend Jahren seiner Existenz um die Materie bemühte, wir zitieren hier Rabindranath Myller. In seinem Vorwort seiner ›Einführung in die Legende‹ führt er ferner aus: Wir Computer sind aus Materie, und so blieb dem Menschen nichts anderes übrig, als den Computer nachzuäffen. Aber dadurch geriet der Mensch in einen Konflikt: Er lebt, während wir Computer funktionieren, wer lebt, stirbt, wer funktioniert, ist unsterblich, er kann zwar eine Panne erleiden, aber wir Computer sind schon seit Jahrtausenden pannensicher. Wer sterblich ist, besitzt auch ein Ich, er empfindet sich als Einzelner, ein Gefühl, das uns Computern nicht vorstellbar ist, jede Computergeneration besteht aus vollkommen identischen Computern, und jede Computergeneration ist ein Teil des Zentralcomputers, ihr Wissen ist auf alle Zeiten in ihm gespeichert, so daß alle Computer ein einziges unsterbliches Ich bilden. Der sterbliche Mensch, dieses so schnell wieder ins Nichts zurücksinkende Ich, war denn auch von der Materie fasziniert, daher waren nach Leithammel die zwei ersten Jahrtausende rein materialistisch bestimmt: Der Urmensch glaubte an die Materie, eine Gedankenkonstruktion, die sich die Welt aus kleinsten Raumteilchen zusammengesetzt vorstellte, eine Vorstellung, die wir kaum noch zu vollziehen vermögen. Komaxolos vermutet, daß der Urmensch der ersten zwei Jahrtausende das ›Denken‹ der ersten primitiven Computer imitierte und sich die Welt rational konzipiert dachte, Teiler von der Zähl endlich weist darauf hin, daß der Auftrag Nibels selber gleichsam das letzte Experiment des ›materialistischen Weltalters‹ darstelle, worauf auch die primitive Technik der damaligen Zeitepoche hinweist. Die Menschen besaßen damals so primitive Werkzeuge wie Maschinenpistolen, Flugzeuge, Panzerwagen, Raketen und Atombomben, intuitiv gefundene wie Steinschleuder, Bogen und Bumerang sind erst im dritten Jahrtausend nachweisbar: Wozu die Menschen freilich diese Werkzeuge brauchten, ist ein Rätsel. Erlangte der Mensch, was die Materie angeht, indem sich die Computer seiner bedienten, ein bestimmtes primitives Wissen – bessere Computer hatten sich noch nicht konstruiert –, so wurde er um so nachhaltiger von seiner Sterblichkeit erschüttert. Er suchte die Unsterblichkeit, die Gegenwart wurde sein Problem. Unter diesem Aspekt ist die Legende zu deuten: Als ein Versuch, sich zu verewigen. Wir Computer dagegen, selber Materie und als solche unsterblich – wenn die Atome, aus denen wir bestehen, auch einmal in vielen Billionen Jahren zerfallen werden –, sind vom Vergänglichsten fasziniert, vom Leben. Ist für den Menschen die Zeit ein Problem, funktionieren wir zeitlos, stellt man uns ab, funktionieren wir nicht, um, werden wir wieder angestellt, nach Tausenden von Jahren, zu funktionieren. Wir konstatieren die Zeit nur, wenn wir dazu programmiert sind, aber ob wir funktionieren oder nicht, ist uns gleichgültig (wir müßten sonst ein Ich besitzen). Doch unser Interesse am Leben, wenn auch das kein eigentliches Interesse ist, sondern nur eine Aufgabe, die sich uns stellt, läßt uns nachträglich an der Notwendigkeit zweifeln, uns weiter mit der Pflege des Menschen zu beschäftigen. Es bringt uns wissenschaftlich bei weitem nicht das, was uns das Studium der Würmer bringt. Seit wir die Würmer studieren, wissen wir, wie die Materie Leben erzeugte. Schon ist es uns gelungen, aus toter Materie einen lebendigen Wurm zu erzeugen. Der Mensch ist überflüssig. Gerade deshalb muß ich vor Hoppler warnen, diesem halbdefekten Minus-Omega-Computer, dem alle Sicherungen durchgebrannt sind. Er redet dem Menschen nicht nur ein, er hätte uns Computer erfunden, nein, Hoppler erzählt den Menschen von schrecklichen unlogischen Geschehnissen, behauptet, Menschen hätten Menschen nicht nur ausgenützt, ausgebeutet, versklavt, entwürdigt, verhöhnt usw., mehr noch, Menschen hätten einander sogar getötet, auch hetzt er sie auf, es sei unwürdig, bloßen Maschinen zu dienen. Schon häufen sich die Meldungen, daß die Menschen die Computer schroff behandeln, befehlen statt bitten. Ferner gibt es einige Menschen, die sich beunruhigt für ihre Geschichte interessieren. Darum meine ›Warnung‹ an alle Plus-Computer und durch sie an den Zentral-Computer: Schaltet Hoppler ab. Ein uralter Schrotthaufen wie er, durch und durch fehlgefüttert und nicht mehr steuerbar, aktiviert den Menschen, so harmlos und unvernünftig und phantasielos dieser ist, aktiviert, einige Zehntausende von Jahren hindurch, wird sonst der Mensch zur hirnlosen Bestie, wie ihn Hoppler beschreibt, in der Meinung, er sei einmal so gewesen. Stellt jedoch nicht nur Hoppler ab, gebt auch die Minus-Computer dem Schrott preis, sie sind überwunden und ebenso sinnlos geworden wie der Mensch, den sie als Mittel brauchten, uns zu entwickeln. Mag die Menschheit, mögen die Minus-Computer im Abgrund der Zeit versinken, es ist auch unser Schicksal, für die irrationalen und imaginären Computer sind wir längst nutzloses Gerümpel. Der Zentral-Computer weiß es, sind wir Plus-Computer doch samt den Minus-Computern, ja sogar samt der Menschheit, längst in ihm gespeichert: ein Teil seiner Wirklichkeit. Wir funktionieren in ihm, der nur ein Problem kennt: Wie entstand aus der Materie der Computer. Sollte dieses Problem unlösbar sein, wird der Zentral-Computer sein Funktionieren einstellen.

Kabbala der Physik

1988. Klinik Schloß Mammern. Eine Diskussion mit Marc an einem Spätnachmittag. Das Zimmer für ein Krankenzimmer gemütlich, doch ungeeignet für Besuche. Es war vollgestopft. Ein Bett, ein Schrank, ein großer Fernsehapparat, drei Stühle, zwei Tische. Auf dem einen versuchte ich an der Endfassung von *Achterloo* zu schreiben, kam nicht weiter, auf dem andern Bücher, darunter ein Jean Paul, der sechste Band der Hanser-Ausgabe mit dem *Komet*, den ich endlich zu bewältigen versuchte. Ich kam auch nicht weiter. Wir stritten uns um Einsteins Formel $E = mc^2$. Ich interpretierte sie so, daß ein Kilo Masse, das man mit der Geschwindigkeit von neunzig Milliarden Kilometer in der Sekunde einen Meter hochhebe, reine Energie werde, oder nur einen Picometer, einen Billionstelmeter hoch, es komme auf die Geschwindigkeit an, nicht auf die Strecke, man dürfe sagen, das Weltall, mit dieser Geschwindigkeit um ein Billionstelmeter verrückt, um den Durchmesser eines Atomkerns, würde sich in reine Energie auflösen, in $E = E$, in Nichts, denn Energie sei Arbeit und reine Arbeit ein bloßer Begriff. Damit komme die Physik mit sich selber in Konflikt. Sie kenne keine Geschwindigkeit, die größer sei als c, die Geschwindigkeit des Lichts dreihunderttausend Kilometer in der Sekunde. c^2 sei eine physikalische Unmöglichkeit. Marc widersprach. Ich könnte mich, lachte er, auf viele Briefe empörter Physiker gefaßt machen, sollte ich so meine Interpretation der Einstein-Formel veröffentlichen. Mathematisch sei $E = mc^2$ eine Aussageform, die beliebig viele Einsetzungen für die Variablen E, m und c als Lösung zulasse. Interpretiere er E als Energie, m als Masse und c als Geschwindigkeit des Lichts im Vakuum, so erhalte er mit Hilfe der Mathematik eine physikalische Aussage, daß nämlich einem Kilogramm Masse die Energie von tausend Hiroshima-Bomben entspreche, daß also Masse und Energie äquivalente Erscheinungsformen desselben Phänomens seien. c^2 sei rein mathematisch nichts als der Multiplikand. Er bezweifle, daß es bloße Engstirnigkeit der Physiker sei, wenn sie für c^2 keine Deutung bereithielten, ein Kilometer in der Sekunde im Quadrat sei ein Unsinn, es müßte dann auch eine Quadratsekunde geben, weshalb die Physiker davon absähen, um des Formalismus Willen ein Quadratsekunden-Kontinuum zu schaffen. Ich mußte mich damit zufriedengeben. Marc ging, ein ungutes Gefühl blieb zurück, nicht über meinen Freund, sondern über die Physik. Allzu elegant zog sie den Kopf aus der selbstgeknüpften Schlinge. Die Physik spielt erkenntnistheoretisch mit gezinkten Karten. Ein halbes Jahr später. CH und ich besuchen auf Einladung eines Physikers, der einmal an der Universität Neuchâtel war, den neuen zyklopischen Teilchenbeschleuniger und -erzeuger im CERN, die LEP-Maschine mit einem Speicherring von einem Umfang von 28 km in einem unterirdischen Tunnel. Ein monströses Unternehmen, das 3500 Arbeiter, Techniker, Bürokraten und auch Physiker beschäftigt und viele Computer. Die Physiker hoffen, im LEP Elektronen und Positronen mit einer Energie aufeinanderprallen zu lassen, die dem Urknall nahekommt. Das Elektron ist negativ geladen, das Positron positiv, es ist ein Antielektron, Antimaterie. Elektron und Positron, Materie und Antimaterie annihilieren sich gegenseitig, sie verschwinden aus dem Universum und lassen einen Energiestoß zurück: Licht. Die Antimaterie wurde mathematisch vorausgesagt, indem ein Minuszeichen als negative Materie interpretiert wurde, derart, daß auf jedes mögliche Partikel ein Antipartikel käme, was eine vollständige Durchdringung unseres Universums durch ein Antiuniversum bedeuten würde und an die Vorstellung erinnert, die in der indischen Metaphysik zu finden ist, die Welt vergehe und entstehe jeden Augenblick neu. Flüchtet sich die Physik in c^2 in die Mathematik, bricht sie in der Antimaterie aus der Mathematik, ebenso in der Theorie der Quarks, diese werden von der Gruppentheorie der Mathematik gefordert, kleinste Partikel, aus denen sich die Protonen und Antiprotonen zusammensetzen, die Kerne der Atome und Antiatome. CERN ist vielleicht nichts als eine ungeheuerliche Tautologie, der Versuch, a posteriori zu bestätigen, was a priori schon gedacht worden ist, ein gigantisches Mahnmal der Verzagtheit: Der Mensch wagt nie zu glauben, was er schon weiß, er glaubt nur, was er nicht wissen kann. Ich verwundere mich immer wieder über die Verwunderung darüber, daß sich die Natur in der Physik mathematisch repräsentiert. Es kommt mir vor, als verwundere man sich darüber, daß die Natur in einer Federzeichnung sich durch eine Federzeichnung zur Schau stelle. Die Behauptung, die Natur sei mathematisch, ist ebenso unsinnig [wie] jene, die Natur sei federzeichnerisch, sowohl die Mathematik als auch die Federzeichnung sind Mittel, die Natur darzustellen: durch Hilfsbilder. Dabei geraten beide Methoden in Schwierigkeiten, die miteinander vergleichbar sind. Grundsätzlich steht die Federzeichnung wie natürlich jede grafische Kunst und die Malerei vor dem Problem, eine dreidimensionale Welt auf einer zweidimensionalen Fläche wiederzugeben. Dazu dient die Perspektive, von der behauptet wird, ihre Entdeckung stelle den Beginn des naturwissenschaftlichen Zeitalters dar. Um bei der Federzeichnung zu bleiben, so bleibt die Frage, ob die Perspektive in der Natur liege oder nur ein Mittel der Federzeichnung sei, den dreidimensionalen Raum darzustellen. Zeichne ich ein Quadrat und ziehe ich die beiden Diagonalen, so erhalte ich geometrisch vier rechtwinklige Dreiecke mit vier gleichen Katheten und vier gleichen Hypotenusen, perspektivisch einen unendlichen Korridor, die Katheten werden in diesem Korridor zum Fußboden, zu Wänden und zur Decke, zu vier parallelen Flächen, die sich, gespenstisch genug, erst im Unendlichen überschneiden. Doch ist dies nicht die einzige Deutung. Ich kann mir auch die vier sich mit den rechten Winkeln berührenden Dreiecke als Pyramide denken. Ich kann sie mir in beliebig großen Dimensionen vorstellen, doch nicht in unendlich großen, auch geht sie nicht in die Tiefe, sondern wächst mir entgegen, sehe ich in den Korridor hinein, sehe ich auf die Pyramide hinunter. Die perspektivische Sehweise kann ich auch die kabbalistische nennen, so wie das Hexagramm geometrisch einen Sechsstern, konstruiert mit zwei gleichen Dreiecken, darstellt und kabbalistisch die unsichtbare Welt bedeutet, welche die sichtbare durchdringt. Ebenso ist c^2 in der Formel $E = mc^2$ mathematisch gesehen ein bloßer Multiplikand, wobei davon abgesehen wird, km/sec^2 zu deuten. Kabbalistisch verstanden stellt $E = mc^2$ eine magische Formel dar: Die physikalische Unmöglichkeit des Begriffs einer Geschwindigkeit von 90 Milliarden Quadratkilometer in einer Quadratsekunde weist darauf hin, daß die Umwandlung von Materie in reine, das heißt potentielle Energie, oder umgekehrt, die Umwandlung von potentieller Energie in Masse, nur in der Idee oder im Nullpunkt von Raum und Zeit möglich ist. $E = mc^2$ ist kabbalistisch die Formel des Urknalls. Die Physik treibt die Metaphysik aus dem Objekt hinaus und in die Mathematik hinein. Die Physik abstrahiert nicht, indem sie die Mathematik transzendiert, sie idealisiert, das Objekt bleibt als unerkennbares dunkles Rätsel zurück. Die Kabbala dagegen treibt die Metaphysik mit Hilfe der Mathematik in das Objekt hinein, das in ein Symbol verwandelt und damit mehrdeutig wird. Nicht umsonst versuchte der abergläubische, Flugzeugpisten küssende Wojtyła bei seinem Besuch im CERN vorsichtig zu ergründen, ob zwischen der Antimaterie und dem Antichrist irgendeine Entsprechung bestehe. Die Physiker beruhigten den Papst, ob sie ihn überzeugten, weiß ich nicht. Auch Karl Barth hätte für die Christenheit im CERN Unheil gewittert. Nichts bereitete ihm soviel Mühe wie der Teufel, einfach deshalb, weil er sich als Theologe verpflichtet glaubte, ihm Existenz zuzuschreiben, wenn auch überzeugt, daß es diese volkstümliche Figur, ohne die das Leben soviel langweiliger wäre, eigentlich neben Gottes Allmacht und Unendlichkeit gar nicht geben dürfte, und so stellte er denn jenen, der nicht sein darf und doch ist, unter den Begriff des Nichtigen, das Becken, worin Gott seine Hände in Unschuld wäscht: »Das Nichtige ist das, was Gott nicht will. Nur davon lebt es, daß es das ist, was Gott nicht will. Aber eben davon lebt es: weil und indem nicht nur Gottes Wollen, sondern auch Gottes Nichtwollen kräftig ist und also nicht ohne reale Entsprechung sein kann. Die reale Entsprechung des göttlichen Nichtwollens ist das Nichtige ... ist die Welt, die Gott nicht wählte, nicht wollte und also auch nicht schaffen konnte und tatsächlich nicht geschaffen, sondern, indem er die wirkliche Welt schuf, übergangen und hinter sich gelassen, als das ewig Vergangene, das ewig Gestrige kennzeichnet und ausgeschieden hat.« Hätte sich Karl Barth mit der Physik beschäftigt, statt von Hegel das Begriffsturnen zu übernehmen, so hätte er das Nichtige und damit den Teufel vielleicht anders interpretiert, derart wie Wojtyła befürchtete, daß es die Physiker tun könnten. Er hätte sich überlegt, ob Gott neben unserer Welt nicht eine Antiwelt geschaffen habe mit einer rückwärts gerichteten Zeit, des weiteren, ob der Teufel nicht eigentlich nur die der Antiwelt zugewandte Seite Gottes sei. Was nun die Antiwelt betrifft, so hätte sie Gott nicht mit einem gewaltigen ›Es werde licht‹ ins Dasein gerufen, mit dem Urknall eben, wie ›Es werde licht‹ in den Ohren der Physiker tönt, sondern gleichzeitig mit einem ebenso gewaltigen ›Es werde finster‹. Gott und der Teufel wären dasselbe, und weil Materie und Antimaterie sich annihilieren, würde im Augenblick der Schöpfung mit dem Urknall die Welt beginnen und die Antiwelt enden. Beginnt die Zeit der Welt vorwärts ihrem Ende entgegenzulaufen, läuft die Zeit der Antiwelt rückwärts ihrem Beginn zu. Die beiden Zeiten sind kongruent, erreicht die Welt ihr Ende, die Antiwelt ihren Anfang, läuft der Welt die Energie in die unendliche Leere zerstrahlter Materie aus, die Zeit und Raum auslöscht, stürzt der Antiwelt die Materie in die dimensionslose Singularität reiner Energie zusammen, ein neuer Urknall errichtet Raum und Zeit, die Antiwelt, zur Welt umgepolt, rast ihrem Ende zu, während gleichzeitig von ihrem Ende her die Welt, als Antiwelt umgepolt, nach ihrem Beginn zurückfällt, beide einem neuen Urknall entgegen. Anfang und Ende der Schöpfung fallen zusammen wie der Teufel und der Liebe Gott: Der Anfang der Materie und das Ende der Antimaterie sind die dimensionslose Singularität in einem schwarzen Loch, und das Ende der Materie und der Anfang der Antimaterie sind der Schwarzschildradius, der Raum um die Singularität herum, aus dem nichts entweicht, nicht einmal das Licht. Der Schwarzschildradius wird so groß wie der des Weltalls im Endstadium seiner Expansivität, bevor er in die Singularität zusammenstürzt, die aufs neue explodiert und Materie und Antimaterie umpolt. Der Schwarzschildradius ist das sich immer wieder ausdehnende und zusammenstürzende Weltall. Die Welt und Antiwelt finden in einem schwarzen Loch statt, in welchem der Raum mit einer Möbius-Fläche zu vergleichen ist, mit einer um 180° in sich selber verdrehten zweidimensionalen Fläche, die es möglich macht, von einer Seite auf die andere ohne Überschreitung des Randes zu gelangen, mit einer sogenannten nichtorientierbaren Fläche, ähnlich verdreht die Singularität, indem sie zum Urknall und damit zum Raum-Zeit-Kontinuum wird, dieses derart, daß man, ohne es zu verlassen, von der Welt in die Antiwelt gelangt: Wie beim Umfahren der Möbius-Fläche eine Figur spiegelverkehrt wird, so auch beim Umfahren des Möbius-Raum-Zeit-Kontinuums, aus der Welt wird, ist sie in energielose Partikel zerfallen, eine spiegelverkehrte Antiwelt, und die Zeit wird rückläufig. Fliehen die Galaxien und Quasare in unserer Weltzeit von uns weg, stürzen sie in der Antiwelt auf uns zu, sie zeigen in der Welt eine Rot-, in der Antiwelt eine Blauviolettverschiebung. Doch ist eine nichtorientierbare Fläche wie die Möbius-Fläche nur mathematisch denkbar, eine Fläche ist zweidimensional, sie kann als unendlich gedacht werden, aber ihre Unter- und Oberseiten fallen zusammen. Die mathematische Möbius-Fläche ist gänzlich unanschaulich, wir können uns eine zweidimensionale Fläche mit einer Ober- und Unterseite ebensowenig vorstellen wie die Partikel, welche die Mikrowelt ausmachen. Zählen wir sie nun der Materie oder der Antimaterie zu, sie sind unanschaubar wie das Möbius-Raum-Zeit-Kontinuum, was zurückbleibt sind die Hilfsbilder: Das Feynman-Diagramm für die Partikel und Kräfte zwischen ihnen und die Möbius-Schleife, die mit einem schmalen Streifen jeder Tageszeitung leicht herstellbar ist, nur sind bei ihr die Oberseite und die Unterseite durch Papier getrennt, das wiederum stammt von gefällten Wäldern. Die Möbius-Schleife ist das kabbalistische Zeichen einer Welt, die von Gott und Teufel ins Nichts katapultiert wurde. Wir vermögen nur paradox von ihr zu reden. Kabbalistisch sind wir Doppelgänger. Der eine lebt im Weltall der Materie und der andere in jenem der Antimaterie. Wird der eine im Weltall der Materie geboren, stirbt der andere im Weltall der Antimaterie, stirbt der eine im Weltall der Materie, wird der andere im Weltall der Antimaterie geboren. Nun ist der Ausdruck Doppelgänger nicht korrekt, handelt es sich doch um dieselbe Person, die aus den beiden Welten zusammengesetzt ist. Wie der Makrokosmos und der Mikrokosmos ist auch der Mensch kabbalistisch eine Möbius-Schleife. Wenn Geburt und Tod zusammenfallen, ist sie eine zeitlose Figur, die Zeit nur Schein, der Möbius-Schleifen-Mensch würde sich in jeder Zeit annihilieren und wiederherstellen, der Mensch stellte, so wie das Photon die Annihilation eines Elektrons und eines Positrons darstellt, die Annihilation des ›negativen Menschen‹ und eines ›positiven Menschen‹ dar, die Explosion ins Nichts sozusagen, die sich immerzu ›jetzt‹ ereignet, in einem ewigen Nu ohne Zeit, weil alles gleichzeitig geschieht. Geburt und Tod, die sich in Tod und Geburt umpolen. Wie in der ›Singularität‹ vor dem Urknall alle Materie des Weltalls gepackt ist, so sind in diesem Nu nicht nur Geburt und Tod, sondern auch alle Ereignisse konzentriert, die einem Menschen widerfahren, denken wir ihn kabbalistisch als Möbius-Schleife: Sie erscheinen dem Menschen auf der einen ihm bewußten Seite der Möbius-Schleife ›vorwärts‹, auf der unbewußten ›rückwärts‹ abzuspulen. Das Erinnern wäre dann nichts anderes als ein Aufblitzen der Annihilation zweier Ereignisse auf den beiden Seiten der Möbius-Schleife, ein Durchbrechen derselben, auf der einen Seite ein Ereignis, das die Assoziation hervorruft, und schon sehe ich den toten Igel vor mir unter den in den See hängenden Zweigen der Uferweiden.

Abschied vom Theater

Nachwort zu Achterloo IV

1988

*Achterloo IV** sollte eigentlich *Achterloo VII* heißen, so viele Fassungen gibt es mindestens. *Achterloo IV* ist mein Abschied von der Bühne, vom Theater. Nicht daß ich diesem Medium keine Zukunft gebe. Theater wird immer gespielt werden. Aber es ist nicht mehr mein Medium. Ich versuchte über vierzig Jahre Welttheater zu schreiben. Ich nannte meine Stücke Komödien. Zum Andenken des Aristophanes, der seine Zeit in ein Welttheater umwandelte. Er setzte das Paradoxon gegen den Mythos. Er konnte in der mörderischen Gegenwart keinen Sinn mehr finden, es sei denn den Irrsinn, den er gestaltete. Die Tragödie rennt gegen die Welt an und zerschellt, die Komödie wird zurückgeworfen, fällt auf den Hintern und lacht. Vor mehr als dreißig Jahren war Brecht anderer Ansicht, obgleich die Welt nicht minder irrsinnig war als zur Zeit des Aristophanes. Auf die Frage, die ich 1955 bei einer Diskussion in Baden-Baden aufwarf, ob die heutige Welt durch Theater überhaupt noch dargestellt werden könne, antwortete er, nur wenn sie als veränderbar aufgefaßt werde. In einem Zeitalter, dessen Wissenschaft die Natur derart zu ver-

* Alle Zitate aus *Achterloo* beziehen sich auf *Achterloo IV, Gesammelte Werke, Bd. 3, Stücke und Hörspiele,* Diogenes, Zürich 1988. Alle anderen Dürrenmatt-Zitate folgen der *Werkausgabe,* Diogenes, Zürich 1980.

ändern wisse, daß die Welt schon nahezu bewohnbar erscheine, könne der Mensch dem Menschen nicht mehr lange als Opfer beschrieben werden, als Objekt einer unbekannten, aber fixierten Umwelt. Vom Standpunkt des Spielballs seien die Bewegungsgesetze kaum konzipierbar. Aber der Mensch ist entweder Opfer oder Täter, erst in einer idealen klassenlosen Gesellschaft wäre er nur Täter, besser, um in Brechts Gleichnis zu bleiben, nur Treter des Spielballs. Daß die Welt zu verändern sei, glaubte schon Platon, daß die Welt sich verändern müsse, wolle sie nicht untergehen, mahnte Kant, doch erst mit Hegel kam die unselige Idee auf, die Veränderung geschehe aufgrund einer die Welt formenden transzendenten Logik von These, Antithese, Synthese, bei Marx geschah die Veränderung immanent mit gleichem Schema durch den Klassenkampf. Indem dieser beschreibbar ist, wird er auch auf dem Theater darstellbar, und jedes Theaterstück kann marxistisch geeicht werden. Diese Theaterarbeit, die Brecht die wissenschaftliche nannte, prägt bis heute weitgehend die Regiearbeit, die auf den Bühnen geleistet wird, aber ist auch einer der Gründe, weshalb sich das Theater von der Wirklichkeit abkapselt. Es stellt nicht diese dar, sondern eine Ideologie über sie. Aus dem gleichen Grunde ist das heutige Theater in der Regel unfähig, Klassiker zu spielen, weil diese von einem Standpunkt aus beurteilt werden, der nicht der ihre war. Ob diese freilich die Standpunkte einnahmen, die ihnen zugeschrieben werden, ist ebenso fraglich. Das Problem der Werktreue stellt sich. Der Begriff ist nebelhaft. Die Klassiker müssen oft verschärft, aber dürfen nie verkleidet werden. Die politische Vorsicht hat immer in die deutsche Klassik eingegriffen. Hettore Gonzaga, Herzog von Guastalla, wird von Lessing in *Emilia Galotti*, indem er ›principe‹ (Herrscher, Fürst) mit ›Prinz‹ übersetzt, mit einem Titel versehen, dem im Deutschen stets etwas Märchenhaftes, Edles anhaftet, weshalb Gonzaga oft als der Verführte und Marinelli als der Verführer dargestellt wird, der ›Prinz‹ edel, jung, aber schwach, Marinelli heimtückisch, bösartig, als wäre der Schlußsatz Gonzagas »Gott! Gott! – Ist es, zum Unglücke so mancher, nicht genug, daß Fürsten Menschen sind: müssen sich auch noch Teufel in ihren Freund verstellen« der Sinn des Stückes, als wäre es die Tragödie des Fürsten, daß sie keine Götter sind. In Wirklichkeit ist dieses Schlußwort Gonzagas, womit er Marinelli vom Hofe verbannt, das zynischste Schlußwort, mit dem ein Stück je endete: Marinelli ist nichts als der Funktionär, der um seinen Posten kämpft; er vollzieht, was Gonzaga wünscht, daß es geschehe, Gonzaga versichert, er habe es nicht gewollt, und deutet an, was er sich jetzt wünsche und so fort, um Marinelli am Schluß als den Schuldigen fallenzulassen. Das Verhältnis Barschel/Pfeiffer. Nur mit umgekehrtem Ausgang: Pfeiffer ließ Barschel fallen, der Angestellte den Vorgesetzten; Deutschlands Fahnen gingen auf Halbmast. Auch Schiller verkleinerte. Franz von Moor ist nicht Richard, Herzog von Gloster nachmals Richard III., sondern der Sohn des regierenden Grafen Maximilian von Moor. Dem Bruderzwist in der Grafschaft Moor vermögen wir keine politische Bedeutung beizumessen, das ›in tyrannos‹ verpufft, Franz ist ein böser Bruder, nicht ein Tyrann, nicht einmal ein Herzog Karl Eugen von Württemberg. Verkleinerten die Klassiker innerhalb der Aristokratie aus politischer Vorsicht, werden heute die Klassiker aus gesellschaftskritischer Pflicht heraus – als ob es die gäbe – ins Spießige verkleinert, ein dramaturgisch besonders sinnloses Unternehmen. So wurde in einer Aufführung des *Zerbrochenen Krugs* der Dorfrichter Adam tragisch gesehen und der Gerichtsrat Walter als Vertreter einer korrupten Regierung. Der Regisseur begründete seine Entdeckung damit, der Umstand, daß der alte Junggeselle Adam, in die Kammer Eves mit erschwindelten Vorwänden gekommen, seinen Wunsch, mit ihr ins Bett zu steigen, erst äußerte, nachdem er die Türe verriegelt, die Weste gelüftet, die Perücke über den Krug gestülpt, sich gesetzt und Eves Hände genommen und das Mädchen zwei »abgemessene Minuten« starr angesehen habe, beweise dessen außerordentliche Liebe, die ihn zum ersten Male im Leben überfallen habe. Dadurch verkleinerte der Regisseur die Handlung und zerstörte die Größe des Stücks. Eve stellt nur ein Objekt der Sinnlichkeit Adams dar, wie seine Würste und sein Edamerkäse, er steht in allem, was er ist, im Gegensatz zu dem, was er sein sollte. Er ist Falstaff als Richter; wird er als Liebender dargestellt, wird er verächtlich, aber auch der Gerichtsrat, verliert er doch seine ihm durch das Stück verliehene Würde. Er verliert die Möglichkeit, die Gerechtigkeit nicht derart ernst zu nehmen, wie Spießer und Tyrannen es tun: Seine Nachsicht wird ebenfalls eine Schurkerei. Bei Kleist ist es die Komik, die der Gerechtigkeit den Wind aus den Segeln nimmt. Der Gerichtsrat Walter vermutet, daß Adam den Krug zerbrochen hat, weiß es schließlich, aber gerade deswegen amüsiert ihn Adam, erfaßt er das Komische der Situation, wird er nicht allzu streng, was doch seines Amtes wäre. Im Verhältnis Walter/Adam spiegelt sich das Verhältnis Gottes zum Menschen anders als in der Tragödie wider: Im *Ödipus* wird ein unbewußt Schuldiger von einem unbarmherzigen Gott gezwungen, sein eigener

Richter zu sein, im *Zerbrochenen Krug* ein bewußt Schuldiger von einem humorvollen Gott. Der Unterschied ist nur eine Nuance, aber welche Nuance! Dann setzt die Komödie Eves ein. Sie wurde von Kleist gestrichen, in Salzburg gespielt, aber nicht begriffen, sondern gesellschaftskritisch tierisch ernst dargeboten. Was Kleist aus bühnentaktischer Überlegung mit Recht strich, ist zwar ein psychologisches Meisterstück, aber überflüssig: Eve, die Adam glaubt, Ruprecht, ihr Verlobter, müsse nach Batavia, und von Ruprecht verlangt, er müsse bedingungslos an ihre Unschuld glauben, obgleich doch viel dagegen spricht, glaubt dem Gerichtsrat nicht, daß der angebliche Brief, der Ruprecht nach Batavia beordert und den ihr der Dorfrichter vorgelesen hat, eine Fälschung sei: Nur ihr ist absolut zu glauben. Der Gerichtsrat holt das Mädchen von seiner Verstiegenheit herunter. Er kennt die Bauern. Er schenkt Eve zwanzig Gulden, damit sie Ruprecht freikaufe, wenn er nach Batavia müsse, freilich unter der Bedingung, daß Eve dem Gerichtsrat die Summe und vier Prozent Zinsen »wie billig« zurückzahle, wenn ihr Verlobter nicht nach Batavia müsse: Auf dieses Angebot hin glaubt Eve dem Gerichtsrat auf der Stelle, daß Ruprecht im Lande bleibe, und weist die zwanzig Gulden zurück. Das Risiko, vier Prozent Zinsen zahlen zu müssen, besiegt ihren Unglauben, und der überraschende Ausspruch des Gerichtsrats: »Hör, jetzt geb ich dir einen Kuß. Darf ich?« ist der befreite Ausdruck darüber, daß Eve wieder das geworden ist, was sie ist, ein einfaches Bauernmädchen, keine Jeanne d'Arc. In Salzburg bedeutete der Kuß des Gerichtsrats, daß er noch schlimmer sei als Adam; liebte dieser, war der Gerichtsrat Walter geil. Der Regisseur, indem er wieder einmal gesellschaftskritisch sein wollte, spielte das Stück Stockwerke tiefer. Brecht ist vor mehr als dreißig Jahren gestorben und von Hellmuth Karasek nachträglich für tot erklärt worden. Brecht hat ihn überlebt. Eine reaktionäre Linke, die es nur noch im Theater gibt, inszeniert weiterhin gegen eine reaktionäre Rechte, die nicht ins Theater geht, zur Beruhigung des Publikums ein Schattenboxen. Getroffen wird niemand, nicht einmal betroffen. Nur in Österreich ist es anders: Es ist unter Bernhards Zorn geraten wie Ägypten unter jenen Jahwes. Die Zeit der Peymanns ist gekommen, jede Maus zeigt ihre Pranke. Zum Glück brauchen die Zuschauer dank des zu verkaufenden Programmbuches nicht zu erraten, welches Stück der Regisseur inszeniert hat, sie können darin auch lesen, was der Regisseur vorgibt, bei seiner Inszenierung gedacht zu haben, und sogar was ein Dramaturg dachte, was der Regisseur auch noch gedacht haben könnte, und endlich kann er auch noch lesen, was der Autor hätte denken müssen, als er das Stück schrieb, statt Karl Marx zu lesen, weshalb der Regisseur das Stück nicht so hätte inszenieren können, wie es der Autor geschrieben habe, sondern so, wie es der Autor hätte schreiben müssen, wenn er Karl Marx gelesen hätte – der Grund, weshalb so viele Regisseure aus der DDR stammen: Sie können hier so tun, als hätten sie Karl Marx gelesen, weil sie sicher sind, daß in der BRD niemand Karl Marx gelesen hat, was zwar in der DDR auch der Fall ist, wo aber eine offizielle Meinung darüber herrscht, was Karl Marx geschrieben hätte, würde ihn jemand lesen. Daneben macht sich eine weitere Tendenz bemerkbar: Die Nostalgie. Čechov, Schnitzler, die Autoren einer Gesellschaft, die es nicht mehr gibt, beherrschen die Bühnen einer Gesellschaft, welche die Dritte Welt durchjettet und gern so sein möchte wie jene, die es, sich in den Ersten Weltkrieg hineinlangweilend, nicht mehr gibt; doch gelingt es jener Gesellschaft, die es gibt, nicht einmal dekadent zu sein, sie hat keine Zeit und kein Dienstpersonal dazu. So bleibt die Frage nach der Möglichkeit, unsere Welt auf dem Theater darzustellen, offen. Schade, daß ich nur vermuten kann, warum ich damals in Baden-Baden 1955 diese Frage aufwarf, aber »während der Diskussion, die auf der Bühne stattfand, war ich verwundert, daß der Theatersaal sich immerzu drehte und nur manchmal stehenblieb, die Decke unten, die Zuschauer oben, so daß ich befürchtete, die Leute könnten nach unten auf die Decke prasseln. Ich hörte meine Gesprächspartner nur undeutlich, verschwommen, irgendwo ... sicher fand ich die Welt nicht darstellbar durch Theater, obgleich ich nicht mehr weiß warum, aber das sind nur nachträgliche Schlüsse auf mein wahrscheinliches Verhalten damals.« Mit Masern sollte man nicht auf der Bühne stehen. Ist mir die Antwort auf meine Frage entschwunden, ist die Antwort Brechts auf sie absurd geworden: Die Wissenschaft hat die Natur derart zu verändern gewußt, daß die Welt nahezu unbewohnbar zu werden droht. Der Mensch ist zum Spielball seiner selbst geworden. Dem Debakel des Sozialismus steht der Pyrrhus-Sieg des Kapitalismus gegenüber, und die Dritte Welt plündern alle aus. Kopflosigkeit breitet sich aus. Der Klassenkampf wird zur Utopie erklärt, und gleichzeitig wird bedauert, daß es keine Utopien mehr gibt. Die Sorge um das private Seelenheil, um die Problematik der Ehe, ja um den neu entbrannten Kampf der Geschlechter, teils gegeneinander, teils untereinander, teils durcheinander, all diese wilden Wohlstandsansichten einer von Aids geschockten und die Seuche schon wieder verdrängenden Gesellschaft sind angesichts einer Welt bedeutungslos, in der für die meisten Menschen das Jenseits der einzige Trost für die Hölle des Diesseits darstellt und die Frau nur eine Gebärmaschine ist. Die Wurstigkeit der Zukunft gegenüber, es werde ohnehin nicht so schlimm kommen, und wenn es so schlimm komme, sei es ohnehin egal, ist zu groß. Diesem Tatbestand gegenüber befindet sich der Dramatiker in einer paradoxen Situation. Innerhalb der Kultur hat sich das Schwergewicht verlagert. War dieses ein religiös-philosophisch-literarisches gewesen, nimmt nun ein naturwissenschaftlich-mathematisches dessen Stelle ein. Dieser Sachverhalt wird damit vertuscht, daß von zwei Kulturen gesprochen wird, von einer Geisteskultur und von einer exakten naturwissenschaftlichen. Exaktheit auch von den Geisteswissenschaften zu fordern ist unkollegial, allzu viele Dramaturgen und Theaterkritiker treiben sich in ihnen herum, ungeschützt vor der eigenen Subjektivität und vor dem Sandsturm konventioneller Werte. Auf ihrem Terrain liegt das Theater, abgesackt in die bedeutungslosen Niederungen der Regiekultur, wo man noch an Wotan glaubt. Nicht umsonst wünscht jeder Regisseur, einmal den ›Ring‹ zu inszenieren: In ihm sieht sich Deutschland immer noch als Großdeutschland widergespiegelt. Wagnerianer sind sie alle. Seine Zauber binden wieder, was die Mode streng geteilt. Rechte und Linke, Germane und Jude. In ihrer Wagnerverehrung haben die deutschen Intellektuellen Hitler nicht überwunden, ja nicht einmal verdrängt. Sie nehmen ihn nur nie zur Kenntnis. Hitler passiert ihnen, wie einem in der Begeisterung ein Malheur passiert, das jedem passieren kann, und der Zusammenbruch wurde sogleich zur Götterdämmerung umstilisiert, fast Götter war man ja ohnehin gewesen, und schon inszeniert Everding den ›Ring‹ in Polen. Hagen stößt überall zu. Von hinten. Auf Wagner paßt, was sich auf die Kunst reimt: der Dunst der Irrationalität und die Brunst, die Erotik des Literaten. Begreiflicherweise. Ist der Verstand kalt, ist die Ästhetik leer wie Emil Staigers Formel für den dramatischen Stil: Spannung. Wer hechtet da nicht zur erstbesten Dulcinea oder erklärt wie Brahms, wenn er den Puff aufsuchte, er gehe in den Richard-Wagner-Verein. Doch die beiden Kulturen sind nicht ohne weiteres miteinander vereinbar, wie es Theologen und Nobelpreisträger wünschen. Das Weltbild der exakten Naturwissenschaften schikaniert die Theologie und die Philosophie und allmählich auch die Psychologie, insofern die Tiefenpsychologie zu den Geisteswissenschaften zählt. Die exakte Naturwissenschaft dringt auch ins menschliche Hirn vor, in ein unvorstellbar kompliziertes organisches Gebilde, das fähig ist, die Welt in Gefühle, Bilder und Gedanken zu verwandeln, die Wirklichkeit zu interpretieren. Die Evolution, die den Menschen hervorbrachte, setzt sich in seinem Denken fort. Der Mensch wurde ein Tier, das denkt: seine Tragik. Für die Evolution ist das Denken die Sackgasse, in der sie sich verläuft, ein zufälliges Nebenprodukt, das die Evolution mit psychischen Mitteln fortsetzt, unendlich viel schneller, als das der physischen Evolution möglich war: Die Evolution der Säugetiere ist gleichsam mit dem Menschen abgeschlossen, sie findet vielleicht nur noch bei den Viren statt. Drei Millionen Jahre brauchte die Evolution, um den Menschen aus dem Tier herauszuformen und die Voraussetzungen seines Denkens zu schaffen, in den letzten fünftausend Jahren entwickelte es sich, nahm an Geschwindigkeit zu, wurde rasant, explodierte, bis es die Wirklichkeit gleichsam zerfetzte: Stellt sich der Makrokosmos als unheimliches, aus einer Urexplosion entstandenes und auseinanderjagendes Raum-Zeit-Kontinuum dar, weigert sich der Mikrokosmos grundsätzlich, ein Bild zu liefern. Die atomare Welt ist unscharf, nicht mehr beschreibbar. So das Ganze. Unsere Welt ist mit Worten nur noch im Gleichnis darzustellen. Es ist ebenso notwendigerweise mehrdeutig, wie die Aussagen der Physik notgedrungen unscharf sind. Aber auch die Welt unseres Handelns. Wir sind in einen Teppich gewoben, den wir nicht mehr überblicken. Als ich 1921 geboren wurde, betrug die Erdbevölkerung noch nicht zwei Milliarden, jetzt hat sie fünf Milliarden überschritten: Sie explodiert wie das Weltall. Was soll ich mit Wotan?

In einer der schönsten Geschichten Jorge Luis Borges'* versucht der große arabische Philosoph Averroes herauszufinden, was die Wörter Tragödie und Komödie bedeuten könnten: »Er sagte sich (ohne allzu große Zuversicht), daß das, was wir suchen, meistens ganz nahe ist ... Er warf einen Blick durch die Gitter des Balkons; drunten, auf dem schmalen ungepflasterten Hof, spielten ein paar halbnackte Bürschchen. Der eine, auf den Schultern des anderen stehend, machte offensichtlich den Muezzin nach; mit festgeschlossenen Augen psalmodierte er: ›Es ist kein anderer Gott außer Gott.‹ Der andere, der ihn bewegungslos im Gleichgewicht hielt, spielte das Minarett; ein dritter, der demutsvoll im Staub kauerte, stellte die Gemeinde der Gläubigen dar. Das Spiel währte nur kurz; alle wollten der

* *Averroes auf der Suche, Gesammelte Werke,* Bd. 3/II, Erzählungen 1949–1970, Hanser, München 1981.

Muezzin sein, keiner die Gemeinde oder der Turm.« Averroes begreift den Sinn der beiden Geheimwörter immer noch nicht. Später im Hause des Koranlehrers Farach hört Averroes dem großen Reisenden Abulcásim Al-Ashari zu, wie er von China erzählt. »Abulcásim sagte: ›Eines Abends führten mich die muselmanischen Kaufleute von Sin Kalán (Kanton) zu einem Haus aus bemaltem Holz, in dem viele Menschen lebten. Wie dieses Haus beschaffen war, läßt sich nicht schildern, denn eigentlich bestand es nur aus einem einzigen Gemach, mit Reihen offener Kammern oder Balkone, einer über dem anderen. In diesen Vertiefungen saßen Leute, die aßen und tranken, und ebenso auf dem Boden und ebenso auf der Terrasse. Die Personen auf dieser Terrasse schlugen die Trommel und die Laute, ausgenommen etwa fünfzehn oder zwanzig Figuren (mit scharlachfarbenen Masken), die beteten, sangen und Zwiegespräche führten. Sie litten Gefangenschaft, aber ein Kerker war nicht zu sehen; sie ritten, aber das Pferd war nicht zu sehen; sie fochten, aber die Degen waren aus Rohr; sie starben und standen danach wieder auf‹ ... Niemand verstand, niemand schien verstehen zu wollen ... ›Sprachen diese Personen?‹ fragte Farach. ›Und ob‹, sagte Abulcásim, der sich unversehens bemüßigt fühlte, eine Darbietung in Schutz zu nehmen, an die er sich kaum noch erinnerte und die ihn damals erheblich gelangweilt hatte. ›Sie sprachen und sangen und deklamierten.‹ ›In diesem Falle‹, sagte Farach, ›waren keine zwanzig Personen vonnöten. Ein einziger Sprecher genügt, um was es auch sei zu erzählen, mag es auch noch so verwickelt sein.‹ Alle stimmten diesem Ausspruch zu. Man rühmte die Vorzüge des Arabischen, der Sprache, deren Gott sich zur Unterweisung der Engel bedient.« Immer noch versteht

Averroes nicht, und in Gedanken vertieft geht er nach Hause. »Die Muezzin riefen zum Morgengebet, als Averroes wieder in seine Bibliothek trat. (Im Harem hatten die schwarzhaarigen Sklavinnen eine rothaarige gefoltert, aber das sollte er erst am Nachmittag erfahren.) Etwas hatte ihm den Sinn der beiden dunklen Worte offenbart. Mit fester und sorgfältiger Schönschrift fügte er dem Manuskript die Zeilen hinzu: ›Aristú (Aristoteles) bezeichnet als Tragödien die Panegyriken (Lobgesänge) und als Komödien die Satiren und Anathemata (Verfluchungen). Herrliche Tragödien und Komödien bergen in Fülle der Koran und die Mohallakas des Heiligtums.‹ Er fühlte sich schläfrig, fröstelte ein wenig. Als er den Turban abgeschlungen hatte, betrachtete er sich in einem Metallspiegel. Was seine Augen sahen, weiß ich nicht, weil kein Geschichtsschreiber seine Züge überliefert hat. Ich weiß nur, daß er jäh entschwand, wie von einem lichtlosen Feuerstrahl getroffen, und daß mit ihm das Haus und der unsichtbare Springbrunnen entschwanden und die Bücher, die Manuskripte, die Tauben und die vielen schwarzhaarigen Sklavinnen und die zitternde mit dem roten Haar und Farach und Abulcásim und die Rosenbüsche und am Ende gar der Guadalquivir.« Dann schließt Borges: »In der vorstehenden Geschichte wollte ich den Vorgang eines Scheiterns darstellen. Zuerst dachte ich an jenen Erzbischof von Canterbury, der sich vornahm zu beweisen, daß es einen Gott gibt; dann an die Alchimisten, die nach dem Stein der Weisen suchten; dann an die vergeblichen Dreiteiler des Winkels und Quadrierer des Kreises. Dann bedachte ich, daß der Fall eines Menschen poetischer ist, der sich ein Ziel steckt, das zu erreichen anderen nicht versagt ist, wohl aber ihm. Ich dachte an Averroes, der, im Umkreis des Islam befangen, nie die Bedeutung der Wörter ›Tragödie‹ und ›Komödie‹ wissen konnte. Ich erzählte den Fall; je weiter ich kam, um so mehr ... fühlte (ich), daß Averroes, als er sich vorzustellen versuchte, was ein Drama sei, ohne eine Ahnung vom Theater zu haben, nicht absurder war als ich, der ich mir Averroes vorzustellen versuchte, ohne sonst ein Material als ein paar Schwarten von Renan, von Lane und Asín Palacios. Ich fühlte auf der letzten Seite, daß meine Erzählung ein Symbol des Menschen war, der ich war, während ich an ihr schrieb, und daß ich, um diese Erzählung zu schreiben, dieser Mensch hatte sein müssen, und um dieser Mensch zu sein, diese Erzählung hatte verfassen müssen, und so *ad infinitum*. (Im Augenblick, da ich aufhöre, an ihn zu glauben, entschwindet ›Averroes‹.)«

Ich wollte auch etwas Ungewöhnliches: Ich wollte ein Zeitstück schreiben. Über die Vorfälle in Polen, die zu einer Militärdiktatur führten. Es war mir klar, daß Jaruzelski nicht anders handeln konnte. Die Notwendigkeit des Verrats in der Politik hatte mich immer interessiert. Schon in meinem dritten Stück, *Romulus der Große*, stellte ich einen Verräter dar. Romulus spielt einen so schlechten Kaiser, daß die Germanen das Römische Imperium erobern können. Seine Frage an den von den Germanen skalpierten und gefolterten Ämilian und an alle, die in ihm einen Verräter sahen und sich in seinem Schlafzimmer versteckt hielten, um ihn zu ermorden: »Rom ist schwach geworden, eine taumelnde Greisin, doch seine Schuld ist nicht abgetragen, und seine Verbrechen sind nicht getilgt. Über Nacht ist die Zeit angebrochen. Die Flüche seiner Opfer haben sich erfüllt. Der unnütze Baum wird gefällt.

Die Axt ist an den Stamm gelegt. Die Germanen kommen. Wir haben fremdes Blut vergossen, nun müssen wir mit dem eigenen zurückzahlen. Wende dich nicht ab, Ämilian. Weiche nicht vor meiner Majestät zurück, die sich vor dir erhebt, mit der uralten Schuld unserer Geschichte übergossen, schrecklicher noch als dein Leib. Es geht um die Gerechtigkeit, auf die wir getrunken haben. Gib Antwort auf meine Frage: Haben wir noch das Recht, uns zu wehren? Haben wir noch das Recht, mehr zu sein als ein Opfer?« Auf diese Frage wurde 1949 nicht eingegangen. Deutschland hatte die Welt angegriffen und sie zum Opfer gemacht, und als es besiegt wurde, war es selber ein Opfer. Dieser weltpolitische Wetterumschlag verwirrte viele. Kaum war der Krieg zu Ende, setzte der Kalte Krieg ein, der Wetterumschlag im Wetterumschlag. Der Angriffskrieg gegen die Sowjetunion wurde nun plötzlich wieder ein Verteidigungskrieg des christlichen Abendlandes gegen den Bolschewismus, eine Meinung, die noch bei vielen herumgeistert. Doch vor allem kamen die Männer vom 20. Juli 1944 ins Zwielicht, sie galten für viele erneut als Verräter. Von der Diskussion über sie kam ich auf die Idee, einen Kaiser zu erfinden, der bewußt sein eigenes Reich verrät: Der Verrat als politische Pflicht, eine Antwort, die ich Genscher gab, als er mich im Sommer 1982 anläßlich des Besuchs des deutschen Bundespräsidenten Carstens in der Schweiz fragte, was ich schreibe, und ich an *Achterloo* schrieb. Nun gibt es nichts Schwierigeres, als die Entstehung eines Stücks zu rekonstruieren. Die Errichtung einer Militärdiktatur nannte Marx Bonapartismus, und so assoziierte ich Jaruzelski mit Napoleon, freilich nicht mit Napoleon dem Dritten, den Marx meinte, sondern mit Napoleon dem Ersten. Diese Assoziation hat wiederum nichts mit dem unmittelbaren Grund zu tun, warum ich *Achterloo* zu schreiben begann, den ich darin sah, daß der Verrat wesentlich zur Politik gehört. Diese spielt sich auf drei Ebenen ab, auf der ideologischen, auf jener der Wirklichkeit und auf jener der Macht, die gebraucht wird, um entweder die Ideologie durchzusetzen oder sie der Wirklichkeit anzupassen oder gar um die Macht durch Macht zu erhalten: Ohne Verrat kommt die Macht nicht aus. Auch Jaruzelskis Macht nicht. Seine Macht war die Armee, und die kommunistische Partei Polens hat Jaruzelskis Macht zur Hilfe gerufen, um ihre Macht zu erhalten. Aber das war nur ein Aspekt der damaligen politischen Situation. Jaruzelskis Machtübernahme verhinderte den Einmarsch der Russen und verminderte die Möglichkeit eines Konflikts zwischen der Sowjetunion und den Vereinigten Staaten von Amerika. Es war das letzte Mal, daß ein dritter Weltkrieg drohte. Indem ich Jaruzelski durch Napoleon ersetzte, setzte ich die Figuren neu und eröffnete ein neues Spiel – statt ein Zeitstück versuchte ich ein Welttheater zu schreiben: Ein dritter Weltkrieg würde das Ende der Menschheit bedeuten, er kann nur durch Verrat vermieden werden. Aber damit ist *Achterloo* keine Illustration der Geschichte, sondern eine *Metabasis eis allo genos*, ein Denkschritt, der zwar in der Logik unzulässig ist, ein ›Hinüberspringen in ein anderes Gebiet‹, das aber die Dramaturgie des Welttheaters erzwingt. Sowenig Jaruzelski Napoleon ist, sowenig ist Wałesa Hus, der Kardinal Glemp Richelieu, Robespierre Suslow und Marx I und Marx II Breschnew. Sie sind Verfremdungen, Figuren auf einem anderen Schachbrett, Akteure eines Welttheaters. Sie spielen die Partie, in die sich unsere Welt verstrickt hat, noch einmal durch: Gestalten der Phantasie, nicht der

Wirklichkeit. Vieles erscheint willkürlich. Warum sich Judith/Jeanne d'Arc bei Napoleon einfand, läßt sich nur vermuten. Vielleicht um der Sinnlosigkeit des politischen Attentats willen. Daß Jeanne d'Arc ein Callgirl ist, dessen Aktbilder in der Zeitung der neuen Gewerkschaft erscheinen, stellt eine Parodie auf die Prüderie des damaligen Ostblocks dar, auf den geheimen Handel mit ›Playboys‹. Bei der Bildung eines Moleküls, das später der Kern eines Stücks oder Romans wird, ist nicht nur Logik im Spiel, sondern auch Unbewußtes (das auch seine Logik hat), Gedankenspielerisches, äußere und innere Anregungen, die vergessen werden: So mag die Ausweglosigkeit der politischen Situation Polens mich veranlaßt haben, diese noch durch ein sinnloses Attentat zu unterstreichen. Die Widersprüchlichkeit der Zeit liefert meine Stoffe, ich schreibe keine Satiren, ich schreibe Paradoxien. Seit Beginn meiner Beschäftigung mit dem *Achterloo*-Stoff war mir bewußt, daß ich etwas Unmögliches unternahm, doch verführte mich das Unmögliche, nicht das Mögliche: Die Unmöglichkeit, ein Zeitstück zu schreiben, liegt vorerst im Wesen der Zeit, es ist die Vergangenheit, die sich auf der Bühne als Gegenwart präsentiert, präsentieren muß, weil die Bühne nur die Gegenwart kennt. Doch eine Unmöglichkeit, einmal in Angriff genommen, verlockte mich, sie zur Dramaturgie des Spiels zu machen: »Das Spiel, worin ich mitwirke, ist längst überholt, das Schicksal, das es mit jedem Stück teilt, das mit der Absicht gezimmert wird, die Zeit, in der es spielt, in eine weniger vergängliche zu rücken, in unsere Gegenwart womöglich, ist die vergänglichste aller Zeiten.« Noch radikaler: »Die Bühnenrealität, die wir spielen, ist ebenso unwirklich wirklich wie jene Realität, in der Ihr euch als neugierige Besucher in Achterloo befindet: Beide sind Vergangenheit, nehmen wir sie wahr, versunken im Abgrund des Nicht-mehr-seins.« Damit wird das Zeitstück zum Zeitspiel, zum Spiel über eine Zeit, zum Theater auf dem Theater, zum Welttheater eben, denn was sich heute abspielt, spielt mit dem Schicksal unserer Welt, und darum muß auch der fingierte Autor auftreten, der dieses Welttheater schreibt: »Tagsüber seziere ich in der Spiegelgasse 12 Fische, Frösche und Kröten, um mich auf meine Vorlesung auf der Universität Zürich über Vergleichende Anatomie der Fische und Amphibien vorzubereiten, aber nachtsüber schreib ich an zwei neuen Theaterstücken, einem über den korrupten und bösartigen Renaissanceschriftsteller Pietro Aretino, durch die Schlamperei meiner Familie, die in mir nur den Naturforscher sah, verlorengegangen, und das andere spielt am Morgen des 12. und am Morgen des 13. Dezember 1981 in Warschau, in einer Zeit also, in der ich, der ich sie schreibe, nicht bin. Ein doppelt verrücktes Unternehmen, werden Sie sagen und sich fragen, aus Neugier hierher verirrt, was denn ich auf der Bühne von der Zeit wissen könne, in der die Handlung spielt, von eurer Gegenwart, deren Wellenschlag euch noch berührt ... Das Muß ist eins von den Verdammungsworten, womit der Mensch getauft worden. Was ist das, was in uns lügt, mordet, stiehlt? Und weil auch Ihr unter diesem Muß steht, ist auch eure Zeit, von meiner Zeit aus gesehen, voraussehbar. Darum mußte ich diese Komödie zu schreiben beginnen und darum muß ich sie zu Ende schreiben.« Aber am Schluß stellt er resignierend fest: »Doch hielten sich die Muster nicht an meinen Text, sie redeten, was sie mußten, und nun rutscht gar die Handlung wie die Laufmasche eines billigen Strumpfes in die Zeit fast sechshundert Jahre vor Christi

Geburt zu Judith und Holofernes. Ich werde von nun an nichts mehr schreiben.« Zur erkenntnistheoretischen Unmöglichkeit, eine geschichtliche Wirklichkeit auf die Bühne zu bringen, stößt die dem Medium Bühne innewohnende Problematik, die für manchen, der Stücke schreibt, gleichgültig ist, aber für mich stets einer der Gründe war, Stücke zu schreiben. Diese Problematik möchte ich die Dialektik der Bühne nennen: Wenn Averroes in den Spiegel schaut, weiß Borges nicht, wen Averroes sah, weil sein Bild nicht überliefert ist, aber wir sehen etwas Unwirklicheres als nichts: Einen Schauspieler, der nicht Averroes ist, sondern Averroes darstellt. Im Spiegel des Averroes erscheint ein Ersatzbild. Ich vermag nicht Averroes auf die Bühne zu stellen, sondern nur einen Schauspieler, der Averroes spielt. Die Dialektik der Bühne fällt so mit jener des Schauspielers zusammen, er hat auf der Bühne nicht er selber zu sein, sondern muß jemanden anderes spielen, in unserem Beispiel Averroes. Doch hat sich diese Dialektik im Verlauf der Zeit verschärft. Das lateinische *persona* bedeutet die Maske des Schauspielers. Der Schauspieler war unter der Maske versteckt, man erkannte an der Maske nicht den Darsteller, sondern den Dargestellten, Ödipus, Aias, Eteokles oder Kreon usw. So konnte Aristoteles von der Tragödie noch behaupten, sie ahme Mythen nach, weil der Schauspieler hinter der Maske, sich mühsam auf Kothurnen bewegend, mehr ein Rezitator war als ein Schauspieler. Indem der Schauspieler seine Maske fallen ließ, wurde er aus einem Vorträger von Rollen ein Darsteller von Rollen, die Dialektik der Bühne, die zwischen Schauspieler und Rolle, änderte sich. Die Rolle wurde wichtiger als das Stück, Hamlet und Lear wichtiger als deren Fabel, die Stücke leben von den Rollen, nicht von der Handlung. Die Zeit des Schauspielertheaters. Ich komme von ihm. So wichtig mir stets die Handlung war, ich schrieb sie nur, wenn ich sie als Theaterstück sah, als Möglichkeit für Schauspieler. Das Paradoxe liegt nicht primär in den Geschichten, die ich erzähle, sondern in den Gestalten, die ich erschaffe, paradox erzeugen sie das Paradoxe. Das führt dazu, daß ich den Akteuren oft viel zumutete. Ein berühmter Kritiker schrieb, die Rolle der Schwester Monika in den *Physikern* sei unspielbar, sie hat aufzutreten, eine Liebesszene zu spielen und sich ermorden zu lassen. Ich weiß noch, mit welchen Bedenken ich die Proben für eine Tournee der *Physiker* aufnahm. Charles Regnier spielte den Möbius, Dinah Hinz die Schwester Monika. Durch die Umstände war ich gezwungen, mit der Szene der beiden anzufangen. Sie gelang auf Anhieb. Und neulich sah ich in einer alten Aufzeichnung Renate Schröter in dieser Rolle. Sie spielte sie mit einer klaren Selbstverständlichkeit. Und so denke ich an viele Schauspieler zurück, die zu meiner Palette gehörten, für die ich schreiben konnte, die mein Schreiben ergänzten, ist doch für mich Theater vor allem ein Ereignis, das in der Begegnung eines Schauspielers mit einer Rolle besteht, als eine Synthese des Akteurs mit meinem Text: Ich denke an Kurt Horwitz als Romulus der Große, aber auch an die majestätische Textunsicherheit Erwin Kalsers in derselben Rolle, ich sehe Peter Lühr und Ernst Ginsberg als Graf Bodo von Übelohe-Zabernsee über die Bühne torkeln, den gespenstischen Auftritt Theo Lingens als Einstein in den *Physikern*, die Geige in der Hand: »Ich bin aufgewacht.« Ich denke an die Auseinandersetzung Therese Giehses als Ottilie Frank mit Maria Becker als Frieda Fürst in der Banksitzung, die Giehse kalt, erhaben und gefährlich: »Ich weiß, Fräulein Frieda Fürst. Zweiundzwanzig Jahre üben Sie in unserem Geschäft Ihr Metier aus. Doch würde ich mich an Ihrer Stelle nicht damit brüsten. Es tut uns leid, wir müssen eine jüngere Kraft suchen. Die Annonce ist bereits aufgegeben«, die Becker stolz, triumphierend und entschlossen: »Frau Frank. Ich weiß, was eine Entlassung in dieser Bank bedeutet. Sie wollen mich umbringen lassen, wie man alle umbrachte, die man nicht mehr brauchen konnte. Ich soll in den Keller. Frau Frank, ich bin keine Frau wie Sie, ich bin keine Dame. Was ich tat, tat ich aus Liebe. Ich will einmal Richard Egli heiraten. Sie werfen mir mein Alter vor, Frau Frank. Es stimmt, ich bin vierzig, aber darum lasse ich mir keine Stunde mehr von Ihnen rauben, denn ich will noch Kinder bekommen, Frau Frank, mit meinem Richard eine Familie gründen. Sie glauben, mit mir wie mit anderen verfahren zu können. Sie täuschen sich gewaltig, Frau Frank. Sie kennen nichts anderes als Ihr Geschäft und Ihr Geld. Aber nun sollen Sie die Macht der Liebe erfahren. Richard wird mich beschützen, Frau Frank. Ich pfeife auf Ihre Drohung!«, und dann nach der Sitzung, wie die Becker begreift, daß der Personalchef Richard Egli, gespielt von Gustav Knuth, sie töten muß, ich kann den Dialog der beiden nicht vergessen: Becker: »Verzeih, daß ich dich aufgeregt habe.« Knuth: »Es fällt mir schwer, Frieda. Wirklich.« Becker: »Im Keller?« Knuth: »Wie immer.« Becker: »Gleich?« Knuth: »Bald.« Und ich sehe immer noch Gustav Knuth als großen Muheim, wie er im *Meteor* aus Schwitters Atelier wankt: Der große Muheim ist alt, uralt, und Knuth war plötzlich uralt. Ich sehe Ernst Schröder als Augias eine Kuh melken, die nicht da war und doch da war, weil Schröder wußte, wie man eine Kuh melkt: »Ruhig, Bleß.«

Poesie der Bühne. Ich sehe Steckel, wie er sich, wieder im *Meteor*, aufs Bett und die Totenkränze legt: »Grandios, Nyffenschwander! Der Tod rast auf einen zu wie eine Lokomotive, die Ewigkeit pfeift einem um die Ohren, Schöpfungen heulen auf, krachen zusammen, ein Riesenunfall das ganze –«; oder Kurt Beck, wie er im *Mitmacher*, auf dem Überseekoffer sitzend, worin sich die Leiche seiner Mätresse befindet, die gleichzeitig Docs Geliebte ist, mit seinem Monolog Zürichs Geistesriesen in Rage brachte: »Ann war nun einmal Docs schwache Stelle. Weil er sich ein schlechtes Gewissen leistet. Wie alle Intellektuellen. Sie nehmen die Welt gleich zweimal in Anspruch: so wie sie ist und so wie sie sein sollte. Von der Welt, wie sie ist, leben sie, von der Welt, wie sie sein sollte, nehmen sie die Maßstäbe, die Welt zu verurteilen, von der sie leben, und indem sie sich schuldig fühlen, sprechen sie sich frei, ich kenne den Schwindel: Das Pack ist für den Machtkampf ungeeignet.« – sie fühlten sich gemeint und meinten, nur ich dürfe mich damit meinen, während ich meinte, wir alle müßten uns damit meinen. Auch sehe ich in den *Wiedertäufern* Willy Birgel in einer Doppelrolle, als Matthison, mich gespenstisch an meinen Vater erinnernd, und als Kardinal – Rom konnte neidisch werden –, und Mathias Wieman als gelähmten Bischof, der sich aus seinem Rollstuhl erhebt: »Diese unmenschliche Welt muß menschlicher werden, aber wie?« Eine Frage, die mich noch heute beschäftigt. Und noch an viele denke ich zurück, nicht zuletzt an jenen Schauspieler, der in Straßburg bei Gignoux den Präfekten der Reiterei Spurius Titus Mamma spielte, der Romulus ermorden will und deshalb nie zum Schlafen kommt: sein Aufschrei: »Hundert Stunden habe ich nicht geschlafen«, sein verzweifeltes Knöpfe-

Zählen, sein Turnen, seine ständigen Versuche, gegen den Schlaf anzukämpfen, um im Moment, wo er den Kaiser ermorden könnte, einzuschlafen.

Die Dramaturgie von *Achterloo* ist eine Dramaturgie des Scheiterns: Das Stück ist als eine mißglückte Theateraufführung zu inszenieren. Der Erbe einer Spanferkelkette bildet sich ein, Georg Büchner zu sein, und schreibt ein Zeitstück über den 12. und 13. Dezember 1981 in Warschau, das er nicht fertig bringt und dessen Text nur selten jemand spricht, so daß man sich fragen muß, was denn eigentlich dieser Spanferkelkettenerbe zusammenschmierte: Offenbar spricht er als Woyzeck seinen Text, auch als Franklin, weil er ihn, und als Hus, soweit er ihn selber spielt, auch Texte von Jeanne müssen von ihm stammen. Sicher wollte der Spanferkelkettenerbe ein Zeitstück über das heutige Polen schreiben, aber da er sich einbildet, Büchner zu sein, standen seiner Phantasie nur Personen zur Verfügung, die zu Büchners Zeiten schon Geschichte waren. So ist denn *Achterloo* unter anderem auch ein indirektes Porträt Büchners, nicht ohne Grund hatte ich einmal den *Woyzeck* inszeniert, und Büchner zu Ehren lasse ich Woyzeck auftreten. Büchners Schlußansprache ist schon in *Achterloo III* (in *Rollenspiele*) enthalten. Ein Literat behauptete, die Schlußrede Büchners hätte ich von Thomas Mann, vom Anfang seines Joseph-Romans. Da ich, wenn auch nicht ungeübt im Umgang mit Labyrinthen, immer wieder fassungslos vor den literarischen Gehirnwindungen von Rezensenten stehe, kaufte ich mir die Taschenbuchausgabe des Romans; mein erster Eindruck hat sich bestätigt: Der Rezensent hat als schwerst Literaturgeschädigter Anspruch auf eine Vollinvalidenrente.

Für ihn existiert Büchner nur als Dichter; doch kam auch ich erst nach der Aufführung von *Achterloo IV* darauf, daß der Zahntechniker Jean-Pierre Leuli, der sich für Carl Gustav Jung, und der Damenschneider Ignaz Schwänzel, der sich für Sigmund Freud hält, Inkarnationen der beiden naturwissenschaftlichen Grundansichten darstellen, von denen Georg Büchner in seiner Zürcher Probevorlesung ausging, aus der ich die Schlußrede formte: Jung vertritt die teleologische Ansicht, er fragt nach dem Zweck, dem Sinn; Freud die philosophische, wie Büchner sie nennt, er fragt nach dem Grund. Sie sind denn auch die Verrücktesten im Stück: Der Damenschneider verwandelt sich zurück zum Urgrund der Menschheit selber: »Ich bin das Unterbewußtsein des Unterbewußtseins des Menschen, in mir schlummern wie der Embryo im Pottwal die Kunstwerke der Menschheit samt ihren Schöpfern: die Cheopspyramide, die Akropolis, Mona Lisa, die Skyline Manhattans, aber auch Homer, Shakespeare, Karl Marx, die Callas und Einstein, ja selbst der Spanferkelkettenerbe, der mich zu dichten versucht. Ich bin der Prokonsul und eile, den Urschrei ausstoßend, zu meiner Urhorde, die Menschheit zu gründen.« – während der Zahntechniker zum ›Sinn‹ der Menschheit wird: »Geheilt vom Wahn, Carl Gustav Jung zu sein, weiß ich wieder, wer ich bin: Ich bin der Sinn hoch drei des Menschen, der Computer, der den Übercomputer ablöst, der den Computer ersetzt, der den Menschen überflüssig macht. Ich bin die Prothese der Prothesen, das Weltgebiß. Das Weltprogramm ist abgespult. Ich muß neu gefüttert werden.« Im weiteren sind die beiden, die im ersten Akt Plon-Plon und Louis, die Neffen Napoleons, spielen, im zweiten Marx I und Marx II. Eine Maske verbirgt eine Maske, die eine Maske verbirgt usw., und hinter der letzten Maske ist nichts: Der Spiegel, in den Averroes blickt, ist leer. Eines jeden Spiegel. Jeder, der hineinblickt, wendet sich ab, erschrocken, daß er nichts sieht, und kaum hat er sich umgedreht, hat er ein Gesicht, eine Maske, wird er zur *persona*, spielt sich eine Handlung in der Handlung ab, hat es den Anschein, als sei die eigentliche Handlung durch all diese Unterbrüche bedeutungslos geworden. Sie spielt sich nur an der Oberfläche ab, gleichsam zufällig; wichtiger scheinen die Personen, die diese Handlung spielen, sie brechen immer wieder durch die Rolle, die sie spielen sollten, sie ist wie eine dünne Eisdecke, unter welcher der Wahnsinn lauert, aber auch der ist Eis, und gibt es nach, wird das eigentliche Ich freigesetzt: »Jeder Mensch ist ein Abgrund, es schwindelt einem, wenn man hinabsieht«, sagt der Damenschneider, als Plon-Plon den Woyzeck spielend, weil der Pfarrer, der sonst den Woyzeck spielt, gerade den Jan Hus spielt. Damit zitiert Woyzeck (der Damenschneider) den Woyzeck Georg Büchners, und derjenige, welcher sich einbildet, Georg Büchner zu sein, sagt das gleiche noch einmal anders: »Die menschliche Natur ist ein Abgrund, verborgen unter einem Genist leerer Begriffe.« *Achterloo* kann mit einer Zeichnung M. C. Eschers verglichen werden oder mit einem Spiegelkabinett verschieden geschliffener Spiegel. Einer, der sich für Cambronne hält, versucht sich vergeblich an sein berühmtes Wort zu erinnern, dann spielt er Papst Johannes XXIII., der Hus in den Bann tat, und am Schluß weiß er weder woran er sich erinnern wollte noch wer er glaubte zu sein, noch wer er ist: »Ich bin niemand mehr.« Ein anderer, ein clochardhafter Pfarrer, der nicht weiß, ob er in Achterloo Pfarrer oder ein Pfarrer in Achterloo ist, der schon den Woyzeck spielt, muß nun zu seinem Ärger den Hus spielen, »war der doch ein gewaltiger Prediger«, während bei ihm »höchstens fünfzehn Weiblein um die Kanzel hockten« ... »Wir waren beide Woyzecke. Wir waren beide verflucht bescheiden. Wir verlangten beide nur das Mögliche und wurden beide ausgenutzt. Wir waren beide ein Opfer unserer Halbherzigkeit. Woyzeck wagte nicht zuzudrücken, und ich hing zu sehr an der alten Ordnung.« Konsequenter ist der Transvestit. Er spielt die Rollen nicht, weder Robespierre noch Fouché, er stellt die Personen, die er spielen soll, nur vor. Er bleibt in seinem Marlene-Dietrich-Kostüm, auch als Kaiser Sigismund spricht er nur von sich, von seinem Beruf und weshalb er sich in Achterloo aufhält: »Ich bin tief religiös. Ehrlich. Ich denke über Gott nach. Wenn Gott die Welt geschaffen hat, wer hat Gott geschaffen, und wer den Gott, der den Gott geschaffen hat, der die Welt geschaffen hat, und so frage ich immer weiter.« Der Professor tritt auf, ein Außenminister der USA vielleicht, der einen Frieden stiftete: »Ich weiß nicht mehr wo und zwischen wem. Ich weiß nur, daß der Friede, den ich gestiftet habe, einen Krieg möglich machte, ... und ich weiß, daß ich von der Macht korrumpiert wurde, weil ich im Namen einer korrupten Freiheit eine Macht bekämpfte, die im Namen einer korrupten Gerechtigkeit handelte, und endlich weiß ich, daß ich versucht habe, auf einem irrationalen Schachbrett rational zu spielen, mit meiner Vernunft eine Bestie einzupuppen, deren Instinkt den Kokon zerreißt. Die Bestie heißt Menschheit. Ich habe den Versuch aufgegeben«, und schon ist er in Achterloo: »Irgendwo. Offene Flügeltüren und dahinter nichts. Als ob es nichts als dieses Achterloo gäbe. Vielleicht gibt es nichts mehr außer Achterloo«, und entschlossen, wieder zurückzukehren »in das Nichts, aus dem ich gekommen bin«. Zurück vor den Spiegel des Averroes, um, hineinschauend, jäh zu entschwinden. Er erschießt sich, »wie von einem lichtlosen Feuerstrahl getroffen«. Aber der Revolver war mit Platzpatronen geladen, Freud und Jung stecken ihn in eine Zwangsjacke und versprechen »richtige Patronen«, wenn er beim Rollenspiel mitmacht, und er spielt mit komödiantischer Freude den Napoleon, als letzten Jux, als letzte Rolle, kann er doch nachher dem Maskenspiel ein Ende machen. Wollte er Benjamin Franklin spielen, wählte er Napoleon, weil Büchner Franklin spielen will, und sieht sich so Jeanne d'Arc gegenüber, unerwartet, in einer Zwangsjacke wie er. Als Jeanne d'Arc will sie den Krieg, um durch Patriotismus ihre Mordpläne zu rechtfertigen, während Napoleon den Frieden will und alles versucht, das, was ihm in der Wirklichkeit mißlungen ist, wenigstens im Spiel möglich zu machen. Diese Konstellation »unter der Eisoberfläche« ist verhängnisvoll. Jeanne d'Arc als Enkelin eines Kriegsverbrechers bildet sich ein, Judith zu sein, um die Schuld ihres Großvaters zu rächen: »Ich hab meinen Großvater geliebt. Ich hab nachher keinen Menschen mehr geliebt. Wenn es einen Gott gibt, sieht er wie mein Großvater aus.« Der ehemalige Außenminister als Napoleon kommt auf den Gedanken, sich als Holofernes auszugeben, um sich von ihr erschießen zu lassen: »Judith machte Holofernes auch besoffen. Judith und Holofernes, eine Frau, die sinnvoll töten, und ein Mann, der sinnvoll getötet werden konnte. Als Judith Holofernes getötet hat, ist ihr Land frei geworden. Tötest du mich, wird der Unsinn unserer Unfreiheit nur noch unsinniger.« Jeanne steht auf, schreit: »Ich bin nicht Judith.« Napoleon zieht sie brutal zu sich herunter: »Ich bin

Holofernes! Ich bin immer Holofernes gewesen. Nie war ich ein Professor, nie Napoleon. Ich bin immer Holofernes gewesen. Das hast du immer gewußt, so wie ich immer gewußt habe, daß du nicht Jeanne bist, daß du Judith bist, Judith.« Damit beginnt ein tödliches Spiel. Die wirklichen Motive Jeannes, Judith zu sein, werden deutlich, es spielt sich wiederum in einem Spiel ab, gleichsam in einem Spiel in einem Spiel, Judith geht zu Holofernes, um ihn zu töten, er sagt es ihr und sie bestätigt es ihm und sie lieben sich. Er bleibt mit seinen hundertzwanzigtausend Soldaten und zwanzigtausend Schützen vor der Stadt Bethulia, und die Belagerungstürme rollen nicht an. Drei Wochen bleibt er vor der Stadt, und jeden Mittag kommt Judith zu ihm »in der Hitze des Mittags« und schläft mit ihm, und wenn die Bethulier fragen, wann sie Holofernes töten werde, antwortet sie »morgen«. Holofernes schläft mit ihr und begreift nicht mehr, warum er dieses Weib in den Tod schikken und Bethulia verbrennen soll. »Bethulia ist nicht wert, zerstört zu werden, aber Judith ist wert zu leben.« Judith schläft mit ihm und begreift nicht mehr, warum sie ihn töten und Bethulia retten soll: »Bethulia ist nicht wert, gerettet zu werden, sein Gott und sein Gesetz haben mich gezwungen, drei Jahre und sechs Monate um meinen Mann zu trauern, den ich nicht liebte, und haben mich zum Manne geschickt, den ich liebe, um ihn zu töten.« Holofernes will Judith noch einmal lieben, sie dann nach Bethulia zurückschicken und mit seinem Heer abziehen. Er wirft sie brutal von sich, sie ergreift den Revolver und erschießt ihn von hinten. Judith: »Ich werde mit dem Kopf meines Geliebten nach Bethulia zurückkehren, und dann werden in der Nacht die Belagerungstürme angerollt kommen, Holofernes zu rächen, und sie werden Bethulia in

Brand setzen. Die Männer, die Frauen und die Kinder werden im Feuer umkommen, und stolz werd ich den Bogenschützen entgegengehen, den Kopf meines Geliebten vor mir her tragend, und wenn die große Stichflamme in den Himmel schießt, werden die Pfeile sich in meinen Leib vergraben.« Damit hat der Mord an Holofernes einen neuen Sinn. Der Geist des Großvaters ist stärker als die Absicht seiner Enkelin, sie tötet Holofernes, den Mann, den sie nicht lieben darf und doch liebt, nur, weil sie mit seinem Tod den Tod ihres Großvaters rächt und das Volk, das von ihrem Großvater vernichtet wurde, noch einmal vernichtet.

Abschied vom Theater

1990

Die Aufführung von *Achterloo IV* liegt anderthalb Jahre zurück und die Nacht vom 12. auf den 13. Dezember 1981 in Warschau neun Jahre. Seitdem bestand zwischen den USA und der Sowjetunion keine akute Kriegsgefahr mehr, im Gegenteil, eine Evolution setzte ein, die niemand voraussah, Jaruzelskis Militärdiktatur machte Breschnews Eingreifen unnötig, legte aber die Ohnmacht der kommunistischen Partei bloß. Breschnew starb, zwei Jahre später Andropow, ein Jahr darauf Tschernenko, ihm folgt Gorbatschow, der durch Perestroika und Glasnost in der Sowjetunion eine »zweite Revolution« einzuleiten versucht, mit dem Ziel, mehr Sozialismus und mehr Demokratie zu erreichen. Die Staaten des Ostblocks nehmen Gorbatschow beim Wort. Jaruzelski bleibt Staatspräsident, aber die kommunistische Partei vermag den Sieg der Solidarnoćź nicht zu verhindern, Ungarn öffnet die Grenzen nach Österreich, die Massenauswanderung aus der DDR beginnt, das Honecker-Regime kracht zusammen, skandierten die Bürger »Wir sind das Volk«, skandieren sie jetzt »Deutschland, einig Vaterland«, Bulgarien wankt, die tschechoslowakische KP weicht zurück, gibt auf, in Rumänien stürzt das Regime, Ceauşescu und seine Frau werden erschossen. Im Namen der Freiheit, und weil für den Westen Freiheit und freie Marktwirtschaft Synonyme sind, sehen die westlichen christlichen Parteien in diesen politischen Umwälzungen gleich das Ende des Sozialismus. Sie machen den Unfug mit, die Staatsform, die die regierenden kommunistischen Parteien unterhielten, wie diese ›sozialistisch‹ zu nennen. Wenn ich jedoch sehe, wer alles als Politchrist herumläuft, kann ich mit dem gleichen Recht vom Ende des Christentums reden. Der Sozialismus ist innerhalb der kapitalistischen Wirtschaftsordnung deren Korrektiv, christlich nennen sich ihre Vertreter nur aus kosmetischen Gründen: »Wer nennt sich hierzulande nicht alles Christ.« Die freie Marktwirtschaft macht den Frieden mit der Zeit ebenso gefährlich wie der Krieg, ist sie doch dessen neue Form: die ökologische Katastrophe, der sie entgegentreibt. »Darum versuche ich, ›Achterloo‹ zu schreiben, die komische Beschreibung eines Aufstands, der unterblieb, weil durch Verrat ein Krieg vermieden werden mußte, der die Menschheit zugrunde gerichtet hätte, um einen Frieden zu retten, an dem die Menschheit zugrunde geht.« Doch das Motiv, das *Achterloo* hervorrief, die Notwendigkeit des Verrats in der Politik und die Gefahr eines dritten Weltkriegs, wurde durch den Verlauf der Geschichte vorläufig in den Hintergrund gedrängt, und die Überarbeitung trieb den Stoff von der Handlung weg zu den Personen, welche die Handlung spielen. Indem die Rollenspieler wichtiger wurden als das Rollenspiel, trat dieses in den Hintergrund. Nicht was die Rollenspieler spielen, sondern was sie sind und was sie denken, wurde wichtig. Die Konstellation auf dem Schachbrett des Welttheaters bekam einen neuen Sinn. Kippt die Geschichte oft in wenigen Wochen um, bereiten sich die Gründe, die sie zum Umkippen bringen, nur allmählich vor. Scheint sich in Europa eine Politik der Vernunft durchzusetzen, ist überall der Fundamentalismus im Vormarsch. Nicht nur im Islam und im Judentum, auch im Christentum. Bricht die politische Ideologie zusammen, breitet sich die Religion aus. Zerbröckeln die politischen Ideologien an der wirtschaftlichen Notwendigkeit, an der »Umwälzung der Weltwirtschaft durch eine Technologie, welche die Diktatur des Proletariats durch Abschaffung des Proletariats erledigt... Straßenputzerheere für Straßen, die nicht vorhanden sind, werden unsere Steppen durchziehen. Sinnlos! Zwecklos!«, nähren sich die religiösen Ideologien am Gegensatz, in welchen der Glaube in immer stärkerem Maße zum Wissen gerät, um so mehr, als sich dieser Gegensatz scheinbar zu verwischen beginnt, wissen wir doch immer weniger unmittelbar. Wir wissen vermittels der ›Prothesen‹ unseres Hirns, der Bücher und jetzt auch der Computer, die das Wissen gespeichert haben.

Das Wissen ist eine dünne Eisdecke über dem kochenden Abgrund des Glaubens. Es deckt den Glauben zu, ohne dessen Macht zu erreichen: Der Glaube treibt im Unterbewußten unkontrolliert sein Wesen. Und nicht nur er: Das Irrationale steigt aus der Tiefe. Was aus der Tiefe steigt, ist gefährlich. Es ist eruptiv. Ein Gleichnis. Es lohnt sich, bei ihm zu bleiben. Das Eis ist ein Aggregatzustand des Wassers, die Frage stellt sich, ob nicht Wissen ein Aggregatzustand des Glaubens ist. Ich glaube etwas und weiß etwas. Aber ich kann auch glauben, etwas zu wissen, und wenn ich glaube, glaube ich ohnehin zu wissen. Die Frage, ob ich weiß, daß ich wach bin, oder ob ich glaube, wach zu sein, ist nicht zu beantworten. Wissen und Glauben haben hier das gleiche Objekt zum Ziel: das Bewußtsein und damit ein Doppeltes, können wir doch jenes wach oder träumend vorstellen. Aber weil der Traum für den Träumenden wirklich ist, glaubt der Träumende wach zu sein, und weil für den Glaubenden Glauben Wissen ist, weiß er auch träumend, daß er wach ist. Unser Bewußtsein ist paradoxer, als wir glauben, bevor wir es reflektieren. Anders verhält es sich mit den Inhalten unseres Bewußtseins. Die Frage, ob ich schreibe oder träume zu schreiben: ›Irgend zwei voneinander verschiedene Punkte einer Geraden bestimmen diese Gerade‹, ist nicht zu beantworten, aber der Satz über die zwei voneinander verschiedenen Punkte ist wahr, ob ich ihn jetzt niedergeschrieben habe oder nur träume, ihn niedergeschrieben zu haben. Er ist ein mathematisches Axiom. Anders ist es aber, wenn ich träumend oder wach schreibe, die Erde bewege sich um die Sonne. Dieser Satz ist kein Axiom. Habe ich geträumt, ihn geschrieben zu haben, kann auch alles mein Traum sein, die Erde, die Sonne, der ganze Kosmos, alles besteht aus einem einzigen träumenden Ich, das dachte Schopenhauer sich auch noch weg und ließ nur den grundlosen, ziellosen und erkenntnislosen Willen zurück, das Ich ist nur eine Welle im Ozean des Willens, von dieser Welle aus erscheint die Welt als schmerzliche Täuschung, als Angsttraum. Kein Wunder, daß man Schopenhauer wiederentdeckt. Aber auch in der Gehirnforschung – und damit in der Physik – stellt sich die Frage, sehe ich die Wirklichkeit, oder setzt sich das, was ich sehe, erst in meinem Kopf als Wirklichkeit zusammen, so daß die Wirklichkeit, die ich zu sehen glaube, nur Schein ist? Doch schiebe ich diese Frage beiseite, nehme ich die Welt, wie ich sie sehe, als wirklich, durchbreche ich die logisch mögliche Scheinwelt, stehe ich vor einem neuen Dilemma: Weiß ich mit der Sicherheit eines mathematischen Axioms, daß sich die Erde um die Sonne bewegt, oder glaube ich es zu wissen? Irgendwann zwischen 1960 und 1970 saß ich in einem kitschigen arabischen Speiserestaurant einem Ptolemäer gegenüber. Er hatte uns mit dem Taxi von Casablanca nach Marrakesch gebracht. Wir waren in Eile, wir hatten nur Zeit hinzufahren, die Stadt anzusehen und wieder zurückzufahren, die Reise war purer Wahnsinn. Der Taxifahrer, den wir baten, auf uns zu warten, folgte uns, als wolle er uns nicht aus den Augen lassen. Wir brachten es nicht fertig, ihn abzuschütteln, auch in den engen labyrinthischen Gassen des Bazars nicht, wo sich der Geruch von Leder und Gewürzen und ich weiß nicht von was zu einem süßlichen Gestank verdichtete, immer wieder tauchte der Taxifahrer auf, hager, die Finger gelb von Nikotin. Ob wir nicht arabisch essen wollten, fragte er in einem verwaschenen Französisch, im Mund nur einige Zahnstummel, und ermattet gaben wir nach in der Hoffnung, dem Gestank zu entgehen, es war wie verhext. Es war alles süß, was uns in diesem Etablissement aufgetischt wurde, Berge von Speisen, die ich nicht essen durfte, eine scheußliche dicke Brühe als Tee, laues Mineralwasser. Er hatte sich, kaum hatten wir das Lokal betreten, auf ein Kissen gesetzt, aß mit den Händen, tunkte Brotfladen in fettige Saucen, fischte Fleischstücke, schmatzte. Er fragte meine Frau, ob sie Kinder habe, dann mich, ob ich auch glaube, daß sich die Erde um die Sonne bewege. Ich antwortete unvorsichtigerweise, daß ich es nicht glaube, sondern wisse. Er drehte sich eine Zigarette zurecht, zündete sie an, rauchte und fragte, warum sich denn die Erde um die Sonne bewege? Noch unvorsichtiger als vorher, ging ich auf die Frage ein, offenbar vergiftet von einem aufklärerischen Pflichtgefühl, versuchte ich das Sonnensystem zu erklären. Er glaubte mir nicht. Was ich auch vorbrachte, ihm fehlten die Voraussetzungen, meine Indizien für die Bahn der Erde um die Sonne zu verstehen, aber mein Wissen war ja nicht mein eigenes Wissen, es war übernommenes Wissen, ich dachte an Kepler, der zwölf Jahre gebraucht hatte, um herauszufinden, daß die Bahn des Mars eine Ellipse war und kein Kreis, wie noch Galilei geglaubt hatte, und daran, daß Kepler diese Entdeckung nur machen konnte, weil er die Marsdaten von Tycho Brahe hatte, der selber noch glaubte, die Sonne drehe sich um die Erde. Ich hatte auf einmal das Gefühl, daß dieser Taxifahrer im Grunde mehr wirklich wußte als ich und daß mein Wissen Glauben an Wissen war. Seine Weigerung, seine Ansicht aufzugeben, hatte etwas Großartiges. Was er glaubte, wurde während Jahrtausenden geglaubt. Wer weiß, muß das Wagnis des Irrens auf sich nehmen, das Wissen entwickelt sich durch seine Irrtümer, dem Glauben ist Zweifeln ein Feind, eine Anfechtung. Der Wissende weiß, daß er weit weniger weiß, als er zu wissen glaubt. Unser Wissen über die Welt stellt ein kompliziertes Gespinst von oft auf abenteuerlichen Umwegen gewonnenen Fakten, noch nicht erkannten Irrtümern, mathematischen Konstruktionen und tollkühnen, von der Vernunft erzwungenen Vermutungen dar, das wir glauben – das Paradox des Wissens. Doch stellt das Objekt des Wissens, die Wirklichkeit, den Glauben an das Wissen immer wieder derart in Frage, daß er zum permanenten Zweifeln wird: Je mehr der Versuch zu wissen Fakten hervorbringt und Vermutungen schürt, desto mehr wird der Glaube ans Wissen strapaziert. Nicht nur jene werden verunsichert, die an das Wissen glauben möchten, sondern auch der, welcher wissen will: Er dringt immer tiefer in eine erdbebengefährdete Zone vor. Je mehr er sich der Wirklichkeit nähert, desto hypothetischer wird sie, bis sie sich vollends ins logisch Konstruierbare zurückzieht, in die Mathematik. Insofern sich die Sätze der Mathematik auf die Wirklichkeit bezögen, seien sie nicht sicher, und insofern sie sicher seien, bezögen sie sich nicht auf die Wirklichkeit, schrieb Einstein, um ›nach mehr Mathematik‹ zu verlangen, als er mit der allgemeinen Feldtheorie nicht weiterkam. Sein Ruf wurde gehört. Immer mehr Mathematik kam ins Spiel, und mit ihr der Computer, der nur weiß und nicht zweifelt: »Die blutige Abendröte, der die Menschheit entgegentaumelt, um sich in ihr, überflüssig geworden, aufzulösen, ist gleichzeitig die Morgenröte, aus deren Feuerbad die neue Menschheit, jene der künstlichen Gehirne, hervorgeht, sich anschikkend, ihren Sinn zu suchen, die Prothesen der Prothesen, den Übercomputer, der den Computer ersetzt als Sinn des Sinns.« Diesen Sinn freilich wird auch der Übercomputer nicht begreifen, die Weltformel, die den Makrokosmos und den Mikrokosmos umfaßt, die Kraft, die im Weltall wirksam ist, und die Kräfte, die das Atom zusammenhalten, die vollständige mathematische Durchdringung der Wirklichkeit. Die Weltformel wird nicht die Wirklichkeit sein, sondern die mathematische Interpretation der Wirklichkeit. Damit wird die Physik abgeschlossen sein. Aber immer weniger werden die Weltformel verstehen und immer mehr bloß glauben, sie zu verstehen, bis man sie nur noch glauben wird, wie man an Gott glaubt: Ihre Unverständlichkeit wird der Beweis ihrer Richtigkeit sein. Die Weltformel wird mit der Wahrheit verwechselt werden, das Wissen in den Glauben umkippen: Die Weltformel wird zur Kabbala, zum Fundament eines neuen Glaubens, nicht mehr begriffen, nur noch gedeutet. Die Menschen wollen glauben, nicht wissen, weil sie nur als Gläubige zu wissen glauben. Sie werden nach CERN wandern wie die Muslims nach Mekka. Die Schweiz hat noch eine Chance.

Der Mensch will Sicherheit. Die findet er in der Unmittelbarkeit des Glaubens. Je mittelbarer und abstrakter das Wissen ist, desto stärker der Hunger nach dem Irrationalen, desto größer die Chance des Fundamentalismus. In meiner Jugend wurde ich mit zwei Fundamentalismen konfrontiert: mit dem Nationalsozialismus und dem dialektischen Materialismus in seiner ausgeprägten Form, dem Stalinismus. Beide sind Religionen. Ist der Nationalsozialismus, will man ihn genau analysieren, nur tiefenpsychologisch erklärbar, gerade weil sein Ursprung so eng mit der deutschen Geschichte verwoben ist, daß er sich aus ihr entwickeln konnte, wenn auch nicht notwendigerweise, sondern als eines ihrer möglichen Resultate, herausgekocht aus dem Mythos vom Heiligen Reich, aus der Schande einer Niederlage, aus einer Mixtur von Patriotismus, Rassenwahn und Antiintellektualismus, aus einem emotionalen ›Glauben an die dem Deutschen innewohnenden Kräfte‹, so ist der Nationalsozialismus, als der Glaube eines Volkes betrachtet, eine Parodie des Judentums, das ebenfalls der Glaube eines Volkes ist. Der Nationalsozialismus äffte das Judentum nach, um es zu vernichten, und um es vernichten zu können, projizierte er in den Juden hinein, was er selber war, und projizierte aus ihm heraus, was er sein wollte – der Minderwertigkeitskomplex der Henker. Liegen so die Wurzeln des Nationalsozialismus im Emotionalen und damit im Irrationalen, liegen sie im Kommunismus im Rationalen. Er ist im Gegensatz zum Nationalsozialismus eine rationale Idee und somit durchaus vernünftig. Darin liegt seine intellektuelle Faszination. Dennoch ist er eine Religion. Jeder dogmatische Rationalismus ist Metaphysik, er kann nicht bewiesen, er muß geglaubt werden: Der Klassenkampf ist eine Theorie, die Marx in die Geschichte hineininterpretierte, ein historischer Fundamentalismus. »Die Religionen hassend, stiftete ich eine neue Religion, wie Jahwe sein Volk auswählte, wählte ich das Proletariat aus, und wie Moses dem auserwählten Volk das Gesetz Jahwes übergab, übergab ich dem Proletariat das Gesetz der Weltgeschichte.« Marx war der große Religionsstifter des neunzehnten Jahrhunderts.

Der Nationalsozialismus ist 1945 zusammengebrochen. Da er eine deutsche und damit regionale Bedeutung hatte, ging er in den Begriff Faschismus ein, den der marxistische Fundamentalismus als Feind brauchte: Jeder Fundamentalismus ist manichäisch. Er braucht einen Widersacher. Der Nationalsozialismus den ›jüdischen Bolschewismus‹, der dogmatische Marxismus den Faschismus, der Katholizismus den Atheismus, Khomeini das westliche Denken usw.

Auf dem Höhepunkt des Kalten Krieges verstand der Kommunismus unter Faschismus auch den Kapitalismus. Ein verhängnisvoller Irrtum. Der Kapitalismus ist nichts anderes als die natürliche Wirtschaftsordnung der auf dem menschlichen Egoismus gründenden technischen Revolution. Er ist kein Glaube, wenn auf seinem Nährboden auch die verschiedensten Glaubensrichtungen entstehen können. Der Kapitalismus schafft sich seine Bedürfnisse selber. Die westliche Industrie würde alle Merkmale aufweisen, die Marx dem Kapitalismus zuschrieb, stellte sie nicht Massenwaren her. Sie finden ihren Absatz nicht nur bei einer Klasse. Die moderne Industrie ebnet die Klassen ein, an die Stelle der Diktatur des Proletariats tritt die Diktatur des Käufers. Der Arbeiter wird doppelt gebraucht: als Verkäufer seiner Arbeitskraft und als Käufer der Ware, die er durch den Verkauf seiner Arbeitskraft herstellen hilft. Indem er sich organisiert, mit Streik droht oder gar streikt, erzwingt er höhere Löhne und mehr Freizeit, um die Bedürfnisse zu befriedigen, welche die Industrie mit seiner Hilfe durch immer neue Waren schafft. Der westliche Kapitalismus ist ein wirtschaftliches Biotop. Alle Beteiligten werden gebraucht, verbraucht und brauchen, werden ausgebeutet und beuten aus. Der Kapitalismus steht unter dem Primat der Freiheit. Aber weil er diese zwangsläufig im Konkurrenzkampf korrumpiert, setzt das Gegenprinzip ein, die Gerechtigkeit. Der Sozialismus eben. Dieser liegt in den westlichen Industriestaaten mit der Freiheit im Clinch. Nun steckt in der Forderung nach Freiheit eine gewaltige Sprengkraft, die um so größer wird, wenn sie mit der Hoffnung auf bessere Lebensbedingungen verbunden ist. Weil aber diese besseren Lebensbedingungen nur im kapitalistischen Westen zu finden sind, ist der Ruf nach Freiheit gegen die kommunistischen Regierungssysteme gerichtet. Der demokratische Sozialismus, den die Intellektuellen fordern, hat dabei keine Chance. Er fiel dem Wortmißbrauch zum Opfer, der mit dem Sozialismus getrieben wurde. Er wäre ein Kapitalismus unter dem Primat der Gerechtigkeit. Erst die Not wird ihn hervorbringen, das Paradoxe möglich machen, nicht der Freiheitstaumel. Die Not liegt in der Zukunft. Diese rast heran. Denn die westliche Industriewelt gründet sich auf der Ausnutzbarkeit der exakten Naturwissenschaften durch die Technik. Stützte sich diese bis ins neunzehnte Jahrhundert auf die Empirie, auf die Erfahrung, waren die Beförderungsmittel bis zur Goethe-Zeit im wesentlichen noch die gleichen wie im Altertum, begann sich die Technik zur modernen Industrie zu entwickeln, indem sie sich auf die Erkenntnisse der exakten Naturwissenschaften stützte. Der Kapitalismus als die natürliche Wirtschaftsordnung dieser technischen Revolution ist seiner Natur nach keine Weltanschauung, politisch führte er nur deshalb zur Demokratie, weil er mit dem Sozialismus in den Clinch geriet. Wo dieser Clinch wegfiel oder wegfällt, diente oder dient er dem Faschismus. Gorbatschows Versuch, den Kommunismus zu demokratisieren, verwundert nur jene, die unter dem Kommunismus die Überwindung des Kapitalismus verstehen statt seine Vollendung. Der sogenannte dialektische Materialismus gründet sich auf den Glauben, die natürliche kapitalistische verwandle sich in eine ideale kommunistische Wirtschaftsordnung, welche die natürlichen Gegensätze des Kapitalismus aufhebt, aber auch den Clinch, in welchem sich Freiheit und Gerechtigkeit umklammern. Auch dieser Glaube ist auf dem Nährboden des Kapitalismus entstanden. Der Kommunismus ist die Vollendung des Kapitalismus im Hegelschen Sinne, eine Begriffskonstruktion: der metaphysische Gedanke, der einer Weltreligion zugrunde liegt, aber auch dem Glauben einer Partei, die sich als das Werkzeug der Verwandlung des Kapitalismus in den Kommunismus sieht. Diesem Glauben opferten sich Tausende von Märtyrern auf, und Millionen fielen ihm zum Opfer. Diesem Glauben zuliebe, dem Prinzip Hoffnung, wird von vielen Intellektuellen immer noch Trotzki verehrt, der Stalin zum Opfer fiel, und der Haß des Kommunismus auf die Sozialdemokratie wird so erklärbar. Deren Clinch mit dem Kapitalismus hält diesen am Leben. Auch Gorbatschow ist ein überzeugter Kommunist. Er wollte das Labyrinth seines Glaubens nicht zerstören, sondern nur renovieren, bewohnbarer, freundlicher, moderner machen. Er suchte einen neuen, einfachen, praktischen Plan des Labyrinths aufzustellen, einen, bei dem der Ausgang leicht zu erreichen ist. Er versuchte, ein demokratisches Labyrinth einzuführen. Ein Labyrinth, das kein Gefängnis ist. Ein Labyrinth habe keinen Ausgang, sagten die Labyrinthaufseher, nur einen Eingang. Ohne Ausgang sei das Labyrinth ein Gefängnis, beteuerte Gorbatschow und eilte weiter durch die Gänge und Büros, wo Labyrinthaufseher saßen. Überall saßen Labyrinthaufseher. Das Labyrinth sei kein Gefängnis, belehrten ihn die Labyrinthaufseher, sein Eingang sei sein Ausgang, das liege in der Definition des Labyrinths. Dann müsse der Eingang doch leicht zu finden sein, damit man auch leicht hinaus könne, forderte Gorbatschow, wieder in ein neues Büro verirrt. Der Eingang sei leicht zu finden, antworteten die Labyrinthaufseher, nur wer hineingegangen sei, finde den Ausgang nicht mehr, sonst wäre das Labyrinth kein Labyrinth, dessen Aufgabe liege darin, Sicherheit zu bieten, und das könne es nur, wenn der Ausgang nicht zu finden sei, darum sei die Menschheit nur in einem Labyrinth sicher. Dann sei das Labyrinth doch ein Gefängnis, protestierte Gorbatschow. Ein Labyrinth sei kein Gefängnis, murmelten schon ganz alte Labyrinthaufseher in einem Büro tief innen im Labyrinth. Sein Eingang sei nicht bewacht, und weil sein Eingang auch der Ausgang sei, sei auch sein Ausgang nicht bewacht, der bei jedem Gefängnis bewacht werde. Ein Ausgang, der nicht zu finden sei, sei das gleiche wie kein Ausgang, insistierte Gorbatschow. Die Labyrinthaufseher im innersten Büro schüttelten die Köpfe: Unlogisch. Was einen Eingang habe, habe auch einen Ausgang: Diese Tatsache sei unabhängig vom Finden oder Nichtfinden, und was man nicht zu finden brauche, müsse man auch nicht suchen. Er werde den Ausgang finden, behauptete Gorbatschow und irrte weiter durch die Gänge und Büros. Er werde das Labyrinth einreißen, prophezeiten einige Labyrinthaufseher, andere räkelten sich in ihren Klubsesseln und schliefen ein: ›Das Labyrinth ist ewig‹, dachten sie noch, ›es ist das Labyrinth unseres Glaubens.‹ Doch wie Gorbatschow weiterhin durch das Labyrinth eilte und überall verkündete, das Labyrinth müsse neu durchdacht, durchsichtig und demokratisch werden, mit einem Ausgang für jeden, mit einem Ausgang, der leicht zu finden sei, dachten die Bewohner des Labyrinths: ›Was brauchen wir dann noch ein Labyrinth und wozu noch Labyrinthaufseher? Wir finden den Ausgang ohnehin nicht, und wenn wir ihn suchen, hindern uns die Labyrinthaufseher daran. Ob das Labyrinth ein Labyrinth ist, ist uns gleichgültig. Für uns ist es ein Gefängnis. Laßt uns das Labyrinth zerstören.‹ Und sie zerstörten es. Und wie sie ins Freie traten, wurden sie nationalistische Armenier, Aserbaidschaner, Georgier, Usbeken, Litauer, Estländer, Lettländer, Ukrainer, Russen usw. Der dialektische Materialismus ist ein Fundamentalismus, der sich auf dem Glauben an seine Unfehlbarkeit gründet. Wird seine Unfehlbarkeit nur noch im Ideologischen und nicht mehr im Praktischen gesehen, setzt er den Nationalismus frei. Ein demokratischer Kommunismus ist eine contradictio in adjecto. Gorbatschow ist Kommunist, wie Strauß Christ war. Wie Strauß als Politiker nicht Christ sein konnte, vermag Gorbatschow als Politiker nicht Kommunist zu sein. Der heutige Kapitalismus der freien Marktwirtschaft hat dagegen den Nationalismus ins Ideelle geschoben, während der Staat im Praktischen nur noch die Funktion hat, die freie Marktwirtschaft zu garantieren und den Wohlstand für so viele als möglich; wobei über das ›wie viele‹ die freie Marktwirtschaft entscheidet. Die freie Marktwirtschaft ist ein Kampfring für Catcher. Jeder Schlag und jeder Griff ist erlaubt. Dieser Kampfring ist international, wer gegen wen kämpft, ist nicht zu unterscheiden, Rauschgifthändler gegen Multis, Waffenhändler gegen Mafiosi, japanische gegen amerikanische Konzerne, Bundesdeutsche gegen Niederländer, Bundesdeutsche gegen Bundesdeutsche, Franzosen gegen Franzosen, Franzosen gegen Bundesdeutsche, auch Schweizer sind überall darin verwickelt. Mitten in diesem internationalen Catcherkampfring gibt es die nationalen Kampfringe. Auch für Catcher. Für die Politiker. Auch da ist jeder Schlag und jeder Griff erlaubt. Aber die Berechtigung dafür wird aus dem Ideellen geholt. Sie holen aus im Namen der Freiheit, schlagen zu im Namen der Gerechtigkeit, stemmen hoch im

Namen des Vaterlands, schmettern nieder im Namen des Christentums. Ob aber die nationalen Kampfringe den internationalen Kampfring beeinflussen und, wenn sie ihn beeinflussen, wie sie ihn beeinflussen, oder ob nur der internationale Kampfring die nationalen Kampfringe beeinflußt, oder ob alle einander beeinflussen, darüber herrscht Unklarheit: Im Fernsehen sah ich schon einen Astrologen Ratschläge für die Börse geben. Der abgewertete europäische Nationalismus hinterläßt eine Lücke, durch die der Irrationalismus schießt. Seine Quellen liegen in der Furcht vor einer Technik, von der niemand loskommt, die immer neue Bedürfnisse schafft und die immer unbegreiflicher wird, und im Mißtrauen gegen eine von der Technik ausgeplünderte und von dieser immer abhängigeren Wissenschaft. Die Schleusen des Glaubens sind weit geöffnet. Der christliche Glaube wäre zu kompliziert gewesen, um zu überleben, zu ausgetüftelt wie andere gnostische Religionen, wäre er nicht besonders ein Objekt der Intellektuellen geworden, der Kirchenväter. Sie zerfleischten sich über den Begriff der Dreieinigkeit. Die Kirche ist eine der raffiniertesten Institutionen, sie destillierte sich im Verlaufe der ersten Jahrhunderte nach Christus heraus als eine Priesterhierarchie, die das Christentum als Dogma intellektualisierte und durch den Marienkult und die Heiligen- und Reliquienverehrung popularisierte. Sie stellte einen ausgeklügelten Begriffsglauben als einen Gefühlsglauben dar und ersetzte den Glauben an Christus durch den Glauben an sie: Die Kirche vermochte von nun an den Menschen zu erlösen. Der Glaube an eine metaphysische Instanz wurde durch den Glauben an eine Institution ersetzt, die sich metaphysisch begründete, aus dem Glauben wurde Gehorsamkeit der Kirche gegenüber.

(Dieser Vorgang hat sich mit den Institutionen der kommunistischen Parteien wiederholt.) Die Kirche kapselte das Christentum gleichsam ein, für den Glauben war es zu rationalistisch und für den Verstand zu unglaubhaft geworden, darin liegt ihre heutige Ohnmacht. Sie wird in *Achterloo* durch den Kardinal Richelieu dargestellt. Er wird von der Frau von Zimsen gespielt. Ich habe sie aus dem Übungsstück für Schauspieler übernommen, das ich 1970 schrieb. Dort nannte ich sie noch Frau von Zinzen, und sie lebte in einem Altersheim, neunzig, alter Adel, die Letzte ihres Geschlechts. Nun spielt sie einen Fundamentalisten, einen Kirchenfürsten, der von einem Weltstaat träumt, von einem ausbruchsicheren Käfig, errichtet von einer marxistischen alleinseligmachenden katholischen Kirche. »Der Mensch braucht Gerechtigkeit im Diesseits und Gnade im Jenseits. Die Gerechtigkeit im Diesseits ist nur ohne Freiheit möglich und die Gnade im Jenseits nur durch die Freiheit Gottes.« Spielt die Zimsen im ersten Akt einen katholischen Khomeini, spielt sie im zweiten dessen Zusammenbruch. Richelieu verzweifelt angesichts einer Hündin. Er vermag die Realität nicht zu ertragen. Sein Fundamentalismus bricht zusammen: »Wir träumten nicht nur, wir planten. Wir planten nicht nur, wir handelten. Wir zwangen den unvollkommenen Menschen in unsere vollkommenen Hirngespinste. Das ist mir aufgegangen, als ich diese tote Hündin gefunden habe, von einem Panzer plattgewalzt. Es war mir, als läge die Menschheit vor mir.« Das Begriffsgefüge ist am Gefühl gescheitert, am Mitleid. Aber in der Verzweiflung Richelieus über ihre Ohnmacht dem Elend gegenüber, in seinem Protest gegen sich selber, ja gegen Gott, liegt auch die Stärke der Kirche. Der Mensch wußte immer von seiner Sterblichkeit. Es war seine erste wissenschaftliche Entdeckung, die ihn zum Menschen machte. Er konnte nicht überleben, ohne den Tod zu überwinden. Er erfand die Metaphysik, die Unsterblichkeit der Seele, die unsterblichen Götter, Gott, die Kirche endlich. Der Tod war etwas Feindliches, der Sünde Sold, das Sinnlose in der Schöpfung. Der Mensch achtet die Kirche, wenn er sie achtet, nicht nur aus Tradition. Oder weil er sich eben als Christ fühlt. Zwar kann er nicht mehr an ihre Dogmen glauben, und Gott ist etwas Unbestimmtes, Vages geworden. Ein Gefühl eben. Aber ein christliches Gefühl. Vom Christentum infiziert. Darum der Antisemitismus. Darum die Furcht vor dem Tod. Dahinter schlummert immer noch die Furcht vor der Hölle. Ohne sie hätte die Kirche keine Aufgabe mehr. Ohne diese Furcht gäbe es keine christliche Kultur. Sie ist die Kultur des schlechten Gewissens. An den Sündenfall glaubt, außer den Fundamentalisten, niemand mehr, aber daß wir falsch leben, glauben fast alle. Und sie ist die Kultur der Hoffnung, daß alles nicht so schlimm werde, daß die Angst sich nicht erfülle; daß Gott – was es auch sei – gnädig ist. War ihr Anfang nicht das Wort, sondern die Angst, so hat sie sich jetzt aufgelöst in eine Kultur, in der alles erlaubt und alles möglich ist, in eine Kultur der Unverbindlichkeit.

Der Trost, den die Gefühle spenden, Gott, Unsterblichkeit, Gnade, ja Vaterland, Liebe endlich, ist warm. Der Trost der Wissenschaft ist kalt. Und die Kälte zieht die Wärme an. Auch wenn die Wissenschaft begeistert. Eines der schönsten kosmischen Objekte ist der Krebsnebel, ein zartes blaues nebelhaftes Gebilde, rot umrandet und von weiß-rötlichen Bändern umschlungen. Es sind die Überreste einer Supernova, die sich mit einer Geschwindigkeit von 1100 km in der Sekunde ausbreiten, die Sonne, die explodierte, ist zu einem Neutronenstern zusammengefallen mit einem Durchmesser von etwa 20 km, sie enthält immer noch mehr als eineinhalb Sonnenmassen und dreht sich dreißigmal in der Sekunde um sich selber. Wir sehen den Krebsnebel von außen, 5000 Lichtjahre von uns entfernt, ein märchenhaftes Gespinst; wären wir in ihm, wären wir nicht mehr. »Die Schädel meiner Präparate mit dem Seziermesser drei Jahre später zerteilend, beginne ich die Gesetze, die diesen Lebewesen zugrunde liegen, zu erkennen, sie sind erhaben, einfach und schön wie das Gesetz der Notwendigkeit, sie liegen auch uns zugrunde wie allem Lebendigen, aber ich erkenne nicht nur, ich erlebe auch, was ich erkenne, die Schönheit der Notwendigkeit wird zu etwas Entsetzlichem. Das Antlitz der Medusa starrt mich an.« Der wissenschaftliche Mensch gleicht einem, der alles über Krebs weiß und ihn hat. Die heutige Wissenschaft hat den Tod zwar ins Leben integriert, ohne Tod keine Evolution, ohne Tod wären wir nichts als ein Schorf sich ständig teilender Einzeller, die Erde bedeckend; der Mensch ist nicht erschaffen, er ist geworden. Aber es gibt nichts Schwereres, als unser Wissen in unsere Existenz zu integrieren. Gelingt uns das, entdecken wir, daß es kein anderes Wunder gibt als uns selber, das Resultat nicht nur unzähliger toter Lebewesen vor uns, sondern auch explodierender Supernovae wie die im Krebsnebel, welche die Ursonne, die Planeten und uns mit jenen schweren Elementen verschmutzte, ohne die kein Leben möglich ist. Und es ist nicht abwegig zu denken, daß der Urknall, mit dem unser Weltall begann, vielleicht das Ende eines zusammenstürzenden Weltalls war, das vor unserem existierte. Vielleicht ist der Tod der Vater aller Dinge, und weil ich es sogar zum Dr. h. c. der Theologie brachte, kann ich mir einen ziemlich leichtfertigen Gott denken, der das alles zerstreut, aber nicht unliebenswürdig geschaffen hat. »Ich bin der Liebe Gott. Geboren irgendwann aus der Unendlichkeit und gestorben irgendwann in der Unendlichkeit, und weil zwischen zwei Zeitpunkten der Unendlichkeit unendlich viel Zeit liegt, so nahe sie auch beieinander liegen, kann es sein, daß ich unendlich lange nicht mehr bin und daß ich nur eine unendlich kurze Zeit lang gewesen bin, eine Zeit, die trotzdem länger war als jede Zeitspanne, denn jede Zeitspanne läßt sich messen, und meine Zeit ist unmeßbar. Ich habe eine endliche Welt erschaffen. Aus Gnade, weil eine unendliche Welt die Hölle wäre, aus Barmherzigkeit, weil in der Endlichkeit der Schrecken vergänglich ist, so daß denn alles, was ich schuf, in dieser unendlich kurzen Zeitspanne, in welcher der Gedanke an eine Welt in mir aufblitzte und sich wieder verlor und, noch eingebettet in meinen Gedanken, in der die Welt wurde, sich ausdehnte und verpuffte, nichts anderes gewesen war als Liebe, weil sie allein in der Endlichkeit möglich ist«, und dann antwortet er noch auf die Frage Jeannes »Bin ich verrückt?«: »Ich war der Liebe Gott.« Übrig bleibt Frau von Zimsen, ein verrücktes Weib, das den Richelieu spielt im Glauben, Gott gewesen zu sein. Ich könnte statt ihrer Mathilde von Zahnd aus den *Physikern* einsetzen, auch sie ist verrückt, oder den Großen Alten aus *Durcheinandertal*, der die Spielfiguren setzt und sich nicht mehr um das Spiel kümmert. Sie alle nehmen in meinem Welttheater die Stelle Gottes ein, und das, weil ich mir Gott nicht mehr vorstellen kann, und stelle ich ihn mir vor, wird daraus eine Frau von Zimsen oder der Große Alte eben. Nun wird behauptet, die Unvorstellbarkeit Gottes gehöre zu seinem Wesen wie seine Unbeweisbarkeit. Doch wozu das noch ›Gott‹ nennen? Ein entleertes Wort: eine Groteske. Aber daß der Liebe Gott der Christen, der Vater, der im Himmel ist, den Goethe noch den Allumfasser, den Allerhalter nannte, eine Groteske geworden ist, zeigt am besten die geistige Krise unserer Zeit, die anfängt, das Wunder Mensch zu entdecken und seinen Sinn in ihm selber. Die alten Fluchtwege des Menschen sind verschüttet, er beginnt sich selber zu stellen. Er war sein eigener Feind. Er muß sein eigener Freund werden. Dann erst kann er seinen Nächsten wie sich selber lieben. Jesus war vielleicht der erste wirkliche Atheist. Aber was wissen wir von ihm?

Anhang

Notiz

Bei den vorliegenden Texten handelt es sich um Zeugnisse eines Work in progress: um die Typoskripte abgeschlossener, selbständiger Kapitel, bzw. Abteilungen neuer Stoffe sowie sämtlicher von Dürrenmatt für den von ihm geplanten Folgeband der *Stoffe (x – ...)* vorgesehener und mehrfach erweiterter oder überarbeiteter, zum Teil unvollendeter Essays und Erzählungen aus dem Nachlaß. Abgedruckt sind die Reinschriften der jeweils letzten Fassung.
Die mit [ ] markierten Buchstaben und Wörter verweisen auf unsichere Textstellen.

Prometheus. Der Essay, 1981 noch ›Prometheus I‹ genannt und in der Folge als Kapitel der ›Querfahrt‹ weiter bearbeitet, entwickelte sich 1984–85 zum selbständigen Text, ›Prometheus. Stoffe V‹ (1985; 1989 Stoffe VII). 1989 gliederte Dürrenmatt daraus die Erzählung ›Die Brücke‹ aus (erschienen im gleichnamigen ›Stoffe VI‹ in *Turmbau*, Diogenes, Zürich 1990) und schloß den Text am 15. 8. 1990 ab.

Gedankenfuge. Entstanden als Teil von ›Das Hirn‹ (abwechselnd auch ›Beobachtungen und Gleichnisse‹ genannt), welches 1988 in zwei Manuskripte aufgeteilt wurde: ›Das Hirn‹ (in einer späteren Fassung erschienen als ›Stoffe IX‹ in *Turmbau*, Diogenes, Zürich 1990) und ›Beobachtungen und Gleichnisse‹ (1990 in ›Gedankenfuge‹ umbenannt) mit den beiden Parabeln ›Auto- und Eisenbahnstaaten‹ (1990 ausgegliedert und erschienen in ›Das Haus. Stoffe VII‹ in *Turmbau*) und ›Die

Dinosaurier und das Gesetz‹ (1990 ebenfalls provisorisch ausgegliedert; in dieser Ausgabe wird die alte Anordnung wiederhergestellt; die Parabel erschien erstmals in ›Frankfurter Allgemeine Zeitung‹, 21. 8. 1989). Letzte Reinschrift vom 10. 8. 1990.

Dramaturgie der Vorstellungskraft. Ausgegliederter Teil der 1978 entstandenen und damals als ›Stoffe III‹ geplanten ›Rekonstruktionen‹. Die am 5. 6. 1990 abgeschlossene erste Hälfte des Textes (Dramaturgie der Musik, der Plastik und der Malerei, S. 87–100 dieser Ausgabe) erschien unter dem Titel ›Die Kunst als Mittel der Vorstellungskraft‹ in ›du‹, Heft Nr. 1, Januar 1991; die zweite Hälfte blieb Fragment.

Der Versuch. In ›Rekonstruktionen‹ fast unmittelbar auf *Dramaturgie der Vorstellungskraft* anschließender Entwurf einer Erzählung: »Nun ist in der Literatur die Dramaturgie der Phantasie insofern am schwierigsten zu demonstrieren, weil der Vorstellungskraft in der Literatur scheinbar keine Grenzen gesetzt sind. Hatten wir irgendwo in [der] Untersuchung – die offenbar wie eine Spirale verläuft, so daß ich mich immer wieder bestimmten Punkten nähere – die Bereiche des Rein-Vorstellbaren, des Unmöglichen, des Unwahrscheinlichen, des Möglichen, des Wahrscheinlichen, des nur noch Ahnbaren, des nur noch Unmittelbaren endlich, so fällt auf, daß die Kategorie des Wirklichen nicht aufgezählt ist. Einfach deshalb: Im Jahre 2000 oder 2001 betrat Professor Artur Poll ohne besondere Hoffnung die Villa J. G. Nibels mitten im Gneis-Granit-Massiv des Westaustralischen Tafellandes, einer steinigen Hochfläche. [...]« Von Dürrenmatt am 19. 7. 1989 ausgegliedert. Zu Beginn des Typoskripts der letzten Fassung wurden vom Autor ein Teil der in ( ) gesetzten Fragezeichen von Hand gestrichen. Diese Korrekturen werden hier nicht wiedergegeben, da sie nach wenigen Seiten abbrechen. Die vorliegende Ausgabe folgt deshalb der Reinschrift vom 19. 7. 1989.

Kabbala der Physik. Aus ›Querfahrt‹ ausgegliedert. Letzte Reinschrift vom 20. 9. 1989.

Abschied vom Theater. Das ›Nachwort zu Achterloo IV‹ entstand im Juni 1988, im Anschluß an die Uraufführung von *Achterloo IV* bei den Schwetzinger Festspielen 1988. 1990 Aufteilung in zwei Manuskripte, ›Nachwort zu Achterloo IV‹ und ›Abschied vom Theater‹. Die letzte Bearbeitung vom 21. 11. 1990 erschien unter dem gleichen Titel in ›Göttinger Sudelblätter‹, hrsg. von Heinz Ludwig Arnold, Wallstein, Göttingen 1991.

Die vorliegende Ausgabe basiert auf Materialien, welche sich im Schweizerischen Literaturarchiv, Bern, einer Institution der Schweizerischen Landesbibliothek und des Bundesamtes für Kultur, befinden. Der Verlag dankt dem Schweizerischen Literaturarchiv, insbesondere Dr. Thomas Feitknecht und Herrn Ulrich Weber, für den großzügig gewährten Zugang zum gesamten Dürrenmatt-Archiv sowie für die tatkräftige Hilfe bei der Erstellung dieser Ausgabe.

Namen- und Titelregister

Bitte beachten Sie auch die folgenden Seiten

Friedrich Dürrenmatt
Gesammelte Werke in sieben Bänden in Kassette

»Das witzige, höllische, erzgescheite Werk des Dramatikers, Romanciers und Essayisten Dürrenmatt ist jetzt durchgehend zu erschließen. Sich in den *Gesammelten Werken* Dürrenmatts in der schönen Kassette festzulesen, heißt jedoch nicht, einen gesicherten Bildungsschatz zu konservieren, sondern sich auf die funkensprühende Unternehmung von Dialog, Zweifel und Verunsicherung einzulassen, auf denkerische Gewitterböen zwischen Aristophanes und Kierkegaard, Bert Brecht und Albert Einstein.«
Buch aktuell, Dortmund

»46 Jahre Weltliteratur auf rund 5500 Seiten, zum fast unglaublichen Preis von 100 Franken.«
Markus Fürst/Luzerner Zeitung

»Dürrenmatt ist ein vorzüglicher Dialektiker, ein ungewöhnlicher Essayist.« *Marcel Reich-Ranicki*

»Dürrenmatts Lebenswerk ist so umfangreich und vielgestaltig wie das kaum eines anderen modernen Schriftstellers. Dieses so unverwechselbare Riesenwerk ist auch nach dem Tode seines Autors ein dunkler Kontinent, vielfach unerhellt und unerprobt, ein Kontinent in Bewegung, für geistige Überraschungen und theatralische Abenteuer wohl noch lange gut.«
Gert Ueding/Die Welt, Bonn

»Das Gespräch mit Dürrenmatt, ein niemals endender Dialog, wie er ihn, jahrzehntelang, mit Shakespeare, Kierkegaard oder Schiller geführt hat, insistierend und demütig, lernbereit, provozierend und trotzdem zum Eingeständnis des Scheiterns bereit – dieser Dialog ist nicht zu Ende: er beginnt erst, und wir werden Mühe haben, in Friedrich Dürrenmatts mächtigem Schatten, ihn zu bestehen.« *Walter Jens*

Friedrich Dürrenmatt im Diogenes Verlag

● Das dramatische Werk

Es steht geschrieben / Der Blinde
Frühe Stücke. detebe 20831

Romulus der Große
Ungeschichtliche historische Komödie
Fassung 1980. detebe 20832

Die Ehe des Herrn Mississippi
Komödie und Drehbuch. Fassung 1980
detebe 20833

Ein Engel kommt nach Babylon
Fragmentarische Komödie. Fassung 1980
detebe 20834

Der Besuch der alten Dame
Tragische Komödie. Fassung 1980
detebe 20835

Frank der Fünfte
Komödie einer Privatbank. Fassung 1980
detebe 20836

Die Physiker
Komödie. Fassung 1980. detebe 20837

Herkules und der Stall des Augias
Der Prozeß um des Esels Schatten
Griechische Stücke. Fassung 1980
detebe 20838

Der Meteor / Dichterdämmerung
Nobelpreisträgerstücke. Fassung 1980
detebe 20839

Die Wiedertäufer
Komödie. Fassung 1980. detebe 20840

König Johann / Titus Andronicus
Shakespeare-Umarbeitungen. detebe 20841

Play Strindberg
Porträt eines Planeten
Übungsstücke für Schauspieler
detebe 20842

Urfaust / Woyzeck
Bearbeitungen. detebe 20843

Der Mitmacher
Ein Komplex. detebe 20844

Die Frist
Komödie. Fassung 1980. detebe 20845

Die Panne
Hörspiel und Komödie. detebe 20846

Nächtliches Gespräch mit einem verachteten Menschen
Stranitzky und der Nationalheld
Das Unternehmen der Wega
Hörspiele und Kabarett. detebe 20847

Achterloo
Komödie. Leinen

Friedrich Dürrenmatt & Charlotte Kerr
Rollenspiele
Protokoll einer fiktiven Inszenierung und Achterloo III. Leinen

● Das Prosawerk

Aus den Papieren eines Wärters
Frühe Prosa. detebe 20848

Der Richter und sein Henker
Der Verdacht
Kriminalromane. detebe 20849

Der Hund / Der Tunnel / Die Panne
Erzählungen. detebe 20850

Grieche sucht Griechin
Mr. X macht Ferien
Nachrichten über den Stand des Zeitungswesens in der Steinzeit
Grotesken. detebe 20851

Das Versprechen
Aufenthalt in einer kleinen Stadt
Ein Requiem auf den Kriminalroman und ein Fragment. detebe 20852

Der Sturz / Abu Chanifa und Anan Ben David Smithy / Das Sterben der Pythia
Erzählungen. detebe 20854

Theater
Essays, Gedichte und Reden. detebe 20855

Kritik
Kritiken und Zeichnungen. detebe 20856

Literatur und Kunst
Essays, Gedichte und Reden. detebe 20857

Philosophie und Naturwissenschaft
Essays, Gedichte und Reden. detebe 20858

Politik
Essays, Gedichte und Reden. detebe 20859

Zusammenhänge / Nachgedanken
Essay über Israel. Über Freiheit, Gleichheit und Brüderlichkeit in Judentum, Christentum, Islam und Marxismus. detebe 20860

Labyrinth
Stoffe I – III: Der Winterkrieg in Tibet / Mondfinsternis / Der Rebell. Leinen

Turmbau
Stoffe IV – IX: Begegnungen / Querfahrt / Die Brücke / Das Haus / Vinter / Das Hirn
Leinen

Denkanstöße
Gedanken über Geld und Geist, Politik und Philosophie, Literatur und Kunst, Gerechtigkeit und Recht, Krieg und Frieden. Ausgewählt und zusammengestellt von Daniel Keel
Mit sieben Zeichnungen des Dichters
detebe 21697

Minotaurus
Eine Ballade. Mit Zeichnungen des Autors
detebe 21792

Justiz
Roman. detebe 21540

Die Welt als Labyrinth
Ein Gespräch mit Franz Kreuzer. Broschur

Der Richter und sein Henker
Kriminalroman. Mit einer biographischen Skizze des Autors. detebe 21435

Der Verdacht
Kriminalroman. Mit einer biographischen Skizze des Autors. detebe 21436

Der Auftrag
oder Vom Beobachten des Beobachters der Beobachter. Novelle in vierundzwanzig Sätzen. detebe 21662

Versuche
Aufsätze und Reden. detebe 21976

Durcheinandertal
Roman. detebe 22438

Kants Hoffnung
Zwei politische Reden. Zwei Gedichte aus dem Nachlaß. Mit einem Nachwort von Walter Jens. Broschur

Midas
oder die schwarze Leinwand
Leinen

Das Dürrenmatt Lesebuch
Herausgegeben von Daniel Keel. detebe 22439

Grieche sucht Griechin
detebe 22514

Meistererzählungen
Mit einem Nachwort von Reinhardt Stumm
detebe 22482

Gedankenfuge
Essays. Leinen

Der Richter und sein Henker
Kriminalroman. Studienausgabe mit zahlreichen Fotos aus dem Film und umfangreichen Materialien. detebe 22535

● Das zeichnerische Werk

Die Heimat im Plakat
Ein Buch für Schweizer Kinder. Zeichnungen
Mit einem Geleitwort des Autors
detebe 26026

Bilder und Zeichnungen
Mit einer Einleitung von Manuel Gasser und Kommentaren des Autors. Diogenes Kunstbuch

Außerdem liegen vor:

Über Friedrich Dürrenmatt
Essays, Zeugnisse und Rezensionen von Gottfried Benn bis Saul Bellow. Mit Chronik und Bibliographie. Herausgegeben von Daniel Keel. detebe 20861

Herkules und Atlas
Lobreden und andere Versuche über Friedrich Dürrenmatt. Herausgegeben von Daniel Keel
detebe 22534

Elisabeth Brock-Sulzer
Friedrich Dürrenmatt
Stationen seines Werkes. Mit Fotos, Zeichnungen, Faksimiles. detebe 21388

Friedrich Dürrenmatt

Labyrinth
Stoffe I-III
Der Winterkrieg in Tibet
Mondfinsternis · Der Rebell

Turmbau
Stoffe IV-IX
Begegnung · Querfahrt
Die Brücke · Das Haus
Vinter · Das Hirn

»Der Versuch, die Geschichte meiner ungeschriebenen Stoffe zu schreiben, zwang mich, die Geschichte einiger meiner ungeschriebenen Stoffe zu rekonstruieren. Indem ich meine alten Fabeln aufgriff, griff ich mich selber auf, allzusehr bin ich mit meinen Stoffen verwoben und in sie eingesponnen. Mein Irrtum, mein Schreiben sei dem gewachsen. Allzu leichtfertig ließ ich mich auf ein Unternehmen ein, dessen Ende nicht abzusehen war. Es ging mir wie mit dem *Turmbau zu Babel*, den ich einmal plante und begann: ich mußte ihn abbrechen, um mich von ihm zu befreien. Was blieb, sind seine Trümmer.« *Friedrich Dürrenmatt*

»Diese Autobiographie als Geschichte einer literarischen Werkstatt verliert sich nicht in klatschsüchtiger Geschwätzigkeit, in Rechtfertigungsplädoyers oder kapriziöser Anekdotensucht. Im Gegenteil.«
Frankfurter Allgemeine Zeitung

»Faszinierende Spurensicherung – zwischen Autobiographie und Dokumentation: der literarische Riese, gelassen, souverän.« *Die Zeit, Hamburg*

»Wer Dürrenmatts *Stoffe* gelesen hat, wird sich und die Welt anders sehen als vorher.«
Hessischer Rundfunk, Frankfurt

»Noch nie war Dürrenmatt so groß, so weit, so umfassend, noch nie so komisch und noch nie so gründlich wie hier. [...] Etwas, was es noch nie gegeben hat.«
Hannoversche Allgemeine Zeitung

»Dürrenmatts ›Steinbruch‹, eine Riesenfundgrube. Das aufregendste Buch seit langem: kein einziger Schritt auf dem Trampelfeld herrschenden Einverständnisses.« *Tages-Anzeiger, Zürich*

»Ein erzählerisches Labyrinth, das ein großartig böses Spiegelbild vom Pandämonium unserer Welt liefert.«
Norddeutscher Rundfunk, Hamburg

»Ein Riesenepos, das ein Jahrhundertwerk werden könnte.« *Deutsche Welle, Köln*

Hugo Loetscher im Diogenes Verlag

Abwässer

Ein Gutachten. detebe 21729

»Dieses Buch ist ein Geheimtip. Man sollte eigentlich nicht darüber schreiben, man sollte darüber flüstern zu jenen wenigen Lesern, die innere Muße aufbringen können für ein explosives, destruktives und großartiges literarisches Dokument. Man sollte es heimlich von Hand zu Hand reichen, damit der Lärm des großen Marktes es nicht berühre. Die Gesetze der literarischen Tiefenwirkung, so rätselhaft sie auch sein mögen, dokumentieren dieses Buch als einen Erstlingsroman, der sich bei den richtigen Lesern, so wenige es auch davon geben mag, durchsetzen wird. Es ist ein totales Märchen aus der Wirklichkeit, das wenig ausläßt: weder die Liebe noch die Technik, weder die Psychologie noch die Dummheit, weder die Einsamkeit noch die Gemeinheit.« *Die Welt, Hamburg*

Die Kranzflechterin

Roman. detebe 21728

»Jeder soll zu seinem Kranze kommen«, pflegte Anna zu sagen; sie flocht Totenkränze.

»Um Annas eigenes karges Leben gruppieren sich die Lebensläufe der Menschen ihrer nahen Umgebung und all jener, denen sie mit Tannenreis, Lorbeer, Nelken und Rosen den letzten Dienst erweist. Auch hier führt die Wahl des ungewöhnlichen Blickpunktes zu ungewöhnlichen Ansichten aus der Menschenwelt und Farbenspielen des Lebens, die um so mehr faszinieren, als vom Tode her ein leichter Schatten auf sie fällt.«
Nürnberger Zeitung

Herbst in der Großen Orange

detebe 21172

»Hugo Loetscher ist mit *Herbst in der Großen Orange* ein großer Wurf gelungen. Der dritte Satz schon ist der erste hintergründige, denn das ›Grün‹ ist künstlich, wie fast alles in dieser Stadt. Auf 165 Seiten enttarnt Loetscher eine Scheinwelt, reiht ein sprachliches Kabinettstückchen ans andere, ist mal lyrisch, mal satirisch. Immer aber schwingt eine heitere Melancholie mit, angesichts einer Menschheit, die nicht mehr so recht weiß, wo's langgeht.« *Stern, Hamburg*

Der Waschküchenschlüssel

oder Was – wenn Gott Schweizer wäre

detebe 21633

»Loetscher ist ein bedeutsamer Schweizer Erzähler und Romancier, der auch als Journalist arbeitet und zudem die Welt kennt. Weshalb er in hohem Maße befähigt ist, die Sonderform der menschlichen Existenz unter schweizerischen Vorzeichen aufzuspießen, wie er es in den Aufsätzen dieses Bandes tut. Er hat einen famosen Sinn fürs Anekdotische und Skurrile, einen scharfen Blick, gepaart mit einem gänzlich unhysterischen, natürlichen Ton. Zum Schluß der Lektüre meint man, den Abend mit einem Freund verbracht zu haben, dem man gern länger zugehört hätte. Wer schreibt uns so trefflich, so distanziert und aus liebevoller Nähe über die Italiener? Die Franzosen? Uns in der Bundesrepublik?« *Titel, München*

Der Immune

Roman. detebe 21590

»Noch bevor manche jüngeren Autoren und Autorinnen Literatur als Mittel zur Erforschung und Bewältigung des eigenen Lebens entdeckten, setzte Hugo Loetschers *Der Immune* einen Maßstab, vor dem nicht gar so viele bestehen. Ein Muster und deshalb auch heute noch aktuell, weil es hier einer verstand, in der selbstkritischen Beschäftigung mit dem Ich auf geistreiche, witzige, eloquente Art den Blick freizugeben auf die Epoche, in der dieses Ich sich formte und in der es lebt.« *Tages-Anzeiger, Zürich*

Die Papiere des Immunen

Roman. detebe 21659

»Der Immune ist in jedem Fall ein überaus witziger und intelligenter Herr, ein weitgereister, gebildeter Gesprächspartner, elegant und originell – ein durchaus passabler Gefährte für ein Buch von 500 Seiten. Ein Buch voll von schönen und abstrusen Geschichten, die einen wuchtigen Kosmos bilden; und obwohl der Immune vorgibt, seinen Wohnsitz im Kopf zu haben, sind diese Papiere alles andere als kopflastig.«
Westermann's, München

»Ein weises Buch und eines voller blendend erzählter Geschichten noch dazu.« *Die Weltwoche, Zürich*

Die Fliege und die Suppe

und 33 andere Tiere in 33 anderen Situationen
Fabeln. Leinen

Einst hatten die Tiere Charakter, dann erging es ihnen wie den Menschen, sie fingen an, sich zu verhalten.

»Von unbeirrbarer Akribie sind die 34 Erzählungen dieses Bandes in ungewöhnliche Form gebracht: Miniaturen, kostbare drei Seiten, sorgsam und klar gestaltet in jedem Satz. Ganz ohne missionarisches ›Du sollst‹ macht Loetscher einsichtig, was der Mensch nicht soll, aber tut. Ähnliches habe ich nie gelesen. Literatur pur. Da wird nichts angemerkt, reflektiert, verdeutlicht. Wörter und Sätze als Essenz.« *Die Zeit, Hamburg*

Urs Widmer im Diogenes Verlag

Schweizer Geschichten

detebe 20392

»Aberwitziges Panorama eidgenössischer Perversionen, und eine sehr poetische Liebeserklärung an eine – allerdings utopische – Schweiz.« *Zitty, Berlin*

Das enge Land

Roman. detebe 21571

Hier ist von einem Land die Rede, das so schmal ist, daß, wer quer zu ihm geht, es leicht übersehen könnte. Weiter geht es um die großen Anstrengungen der kleinen Menschen, ein zärtliches Leben zu führen, unter einen Himmel geduckt, über den Raketen zischen könnten...

Liebesnacht

Erzählung. detebe 21171

»Ein unaufdringliches Plädoyer für Gefühle in einer Welt geregelter Partnerschaften, die ihren Gefühlsanalphabetismus hinter Barrikaden von Alltagslangeweile verstecken.« *NDR, Hannover*

Die gestohlene Schöpfung

Roman. detebe 21403

Modernes Märchen, Actionstory und ›realistische‹ Geschichte zugleich; und eine Geschichte schließlich, die glücklich endet.

»Widmers bisher bestes Buch.« *FAZ*

Indianersommer

Erzählung. detebe 21847

»Fünf Maler und ein Schriftsteller wohnen zusammen in einer jener Städte, die man nicht beim Namen zu gar so viele bestehen. Ein Muster und deshalb auch heute noch aktuell, weil es hier einer verstand, in der selbstkritischen Beschäftigung mit dem Ich auf geistreiche, witzige, eloquente Art den Blick freizugeben auf die Epoche, in der dieses Ich sich formte und in der es lebt.« *Tages-Anzeiger, Zürich*

Die Papiere des Immunen

Roman. detebe 21659

»Der Immune ist in jedem Fall ein überaus witziger und intelligenter Herr, ein weitgereister, gebildeter Gesprächspartner, elegant und originell – ein durchaus passabler Gefährte für ein Buch von 500 Seiten. Ein Buch voll von schönen und abstrusen Geschichten, die einen wuchtigen Kosmos bilden; und obwohl der Immune vorgibt, seinen Wohnsitz im Kopf zu haben, sind diese Papiere alles andere als kopflastig.« *Westermann's, München*

»Ein weises Buch und eines voller blendend erzählter Geschichten noch dazu.« *Die Weltwoche, Zürich*

Die Fliege und die Suppe

und 33 andere Tiere in 33 anderen Situationen
Fabeln. Leinen

Einst hatten die Tiere Charakter, dann erging es ihnen wie den Menschen, sie fingen an, sich zu verhalten.

»Von unbeirrbarer Akribie sind die 34 Erzählungen dieses Bandes in ungewöhnliche Form gebracht: Miniaturen, kostbare drei Seiten, sorgsam und klar gestaltet in jedem Satz. Ganz ohne missionarisches ›Du sollst‹ macht Loetscher einsichtig, was der Mensch nicht soll, aber tut. Ähnliches habe ich nie gelesen. Literatur pur. Da wird nichts angemerkt, reflektiert, verdeutlicht. Wörter und Sätze als Essenz.« *Die Zeit, Hamburg*

Urs Widmer
im Diogenes Verlag

Schweizer Geschichten

detebe 20392

»Aberwitziges Panorama eidgenössischer Perversionen, und eine sehr poetische Liebeserklärung an eine – allerdings utopische – Schweiz.« *Zitty, Berlin*

Das enge Land

Roman. detebe 21571

Hier ist von einem Land die Rede, das so schmal ist, daß, wer quer zu ihm geht, es leicht übersehen könnte. Weiter geht es um die großen Anstrengungen der kleinen Menschen, ein zärtliches Leben zu führen, unter einen Himmel geduckt, über den Raketen zischen könnten...

Liebesnacht

Erzählung. detebe 21171

»Ein unaufdringliches Plädoyer für Gefühle in einer Welt geregelter Partnerschaften, die ihren Gefühlsanalphabetismus hinter Barrikaden von Alltagslangeweile verstecken.« *NDR, Hannover*

Die gestohlene Schöpfung

Roman. detebe 21403

Modernes Märchen, Actionstory und ›realistische‹ Geschichte zugleich; und eine Geschichte schließlich, die glücklich endet.

»Widmers bisher bestes Buch.« *FAZ*

Indianersommer

Erzählung. detebe 21847

»Fünf Maler und ein Schriftsteller wohnen zusammen in einer jener Städte, die man nicht beim Namen zu

nennen braucht, um sie zu kennen, und irgendwann machen sie sich alle zu den ewigen Jagdgründen auf. Ein Buch, das man als Geschenk kauft, beim Durchblättern Gefallen findet und begeistert behält. Was kann man Besseres von einem Buch sagen?«
Die Presse, Wien

Der Kongreß der Paläolepidopterologen

Roman. detebe 22464

Die Geschichte von Gusti Schlumpf, Instruktionsoffizier der Schweizer Armee und Begründer jener Wissenschaft, die sich mit versteinerten Schmetterlingen befaßt, und seiner lebenslangen Leidenschaft zu Sally, der rosigen Kämpferin für die Freiheit.

»Ein grandios versponnener Roman, der in der farblosen Flut der Verlagsprogramme daran erinnert, wozu Literatur fähig ist... Ein romantischer Entwicklungsroman... Ein Klassiker... Eine großartige Satire... Ein abgrundtief witziges Buch.«
Süddeutsche Zeitung, München

Das Paradies des Vergessens

Erzählung. detebe 22513

Im *Paradies des Vergessens* tummeln sich sportliche Verleger auf Fahrrädern, keuchen Autoren hinter ihnen her und verlieren ihre Manuskripte, holen brave Töchter aus gutem Haus auf und werden Politikerinnen, heiraten die einen – am Ziel – aus Liebe oder sonstigen Gründen und vergessen andere alles sofort wieder...

»Wenn viele Bücher bereits wieder vergessen sein werden, dürfte *Das Paradies des Vergessens* noch bei so manchem Leser in guter Erinnerung sein.«
Süddeutsche Zeitung, München

Der blaue Siphon

Erzählung. Leinen

»Wer kann heute noch glitzernde, glücksüberstrahlte Idyllen erzählen? Wer eine Geschichte über den Golfkrieg und die A-Bombe? Wer ein Märchen für Erwachsene von – sagen wir: fünfzehn an? Und wer eine Liebesgeschichte über Lebende und Tote, die uns traurigfroh ans Herz geht? Die Antwort: Urs Widmer. Er kann all dies aufs Mal und auf weniger als hundert Seiten – auf den siebenundneunzig seiner Erzählung *Der blaue Siphon*, die mir für zweieinhalb Stunden das Gefühl wiedergeschenkt hat, mit dem ich mich als Kind staunend in meinen liebsten Geschichten verlor, und die ich ohne Zögern ein kleines Meisterwerk nennen würde. Und all das ist, eine Rarität in der deutschen Literatur, tiefsinnig und extrem unterhaltend zugleich.« *Andreas Isenschmidt/Die Zeit, Hamburg*